글 | 오시마 히데키   옮긴이 | 김정환
펴낸이 | 이재은   펴낸 곳 | 세상모든책
편집 | 조혜린, 김혜경   디자인 | 김수인
마케팅 | 이주은, 김용우, 이은경, 박용
주소 | 서울시 마포구 서교동 444-16호 영진 빌딩
전화 | 02-338-2444   팩스 | 02-338-0902
E-mail | everybk@hanmail.net
Homepage | www.ieverybook.com   www.세상모든책.kr
출판등록 | 1997.11.18. 제10-1151호
초판 1쇄 발행 | 2009년 7월 3일

Copyright ⓒ 2009 세상모든책
이 책에 실린 글과 그림을 무단으로 복사, 복제, 배포하는 것은
저작권자의 권리를 침해하는 것입니다.
ISBN 978-89-5560-242-5 73410

*잘못 만들어진 책은 바꾸어 드립니다.

"OKAASAN GA OSHIERU HAJIMETE NO SHOGAKU SANSU- ICHIBAN WAKARI YASUI
SHOGAKU SANSU NO OSHIE-KATA〈TEIGAKUNEN-HEN〉" written by Hideki Oshima and
supervised by Map Education Center
Copyright ⓒ 2006 Hideki Oshima.
All rights reserved.
Original Japanese edition published by Jitsugyo no Nihon Sha, Ltd.

This Korean edition published by arrangement with Jitsugyo no Nihon sha, Ltd., Tokyo
in care of Tuttle-Mori Agency, Inc., Tokyo through EntersKorea Co., Ltd., Seoul.

이 책의 한국어판 저작권은 (주)엔터스코리아를 통한 일본의
Jitsugyo no Nihon Sha, Ltd. 와의 독점 계약으로 세상모든책이 소유합니다.
신 저작권법에 의하여 한국 내에서 보호를 받는 저작물이므로 무단전재와 무단복제를 금합니다.

수학의 원리와 개념을 알기 쉽게 키워 주는 책

엄마와 함께 보는 저학년 수학

오시마 히데키 지음 김정환 옮김

세상모든책

머리말

● **책을 시작하며**

　제가 쓴 책이 사회에 작게나마 도움이 된다는 사실은 매우 고맙고 영광스러운 일입니다. 그리고 그와 동시에 무거운 책임감을 통감하고 있습니다. 이 책 《수학의 원리와 개념을 알기 쉽게 키워 주는 책-엄마와 함께 보는 저학년 수학》은 그 책임을 다하고자 하는 마음의 표현이기도 합니다.

　아이가 저학년일 때 부모님이 공부를 봐주면 학교 수업에서 막힌 부분도 거의 해결됩니다. 그리고 아이가 중학생이나 고등학생이 되었을 때 스스로 생각하며 공부하는 버릇을 들일 수 있도록 도와주는 역할도 하지요.

　이 책은 수학을 '푸는 법'과 '가르치는 법'이 담겨 있습니다. 다만, 그 내용을 초등학교 입학 전부터 3학년(일부 4, 5학년)까지 아이가 배워야 할 항목으로 한정해 정성껏 보충, 설명했습니다. 먼저 학습의 핵심인 【예제】와 【아이에게 이렇게 물어보자】를 칠판에 표기하고, 아래에 설명을 실었습니다. 이 책을 처음 펼쳐 보는 엄마도 수학 선생님이 될 수 있을 것입니다.

　아이들의 공부는 '지금' 막 시작되었을 뿐입니다.

　"우리 아이는 수학을 싫어해……. 계산도 못하고……."

　이런 말을 하기 전에(사실, 안 하는 것이 좋습니다) 저학년 때부터 이 책을 활용하여 아이와 함께 수학을 공부해 보세요(특히 엄마가 함께 공부하면 좋습니다). 그리고 아이가 문제를 맞히면 환하게 웃으며 칭찬해 주세요. 웃음은 부모와 자식의 신뢰 관계를 나타내는 증표입니다.

● 이 책의 구성

이 책은 참고서나 문제집과 다릅니다.
학습 구성 내용은 다음과 같이 여섯 가지로 분류됩니다.

· 제1장 '수의 구조'
· 제2장 '덧셈, 뺄셈'
· 제3장 '곱셈, 나눗셈'
· 제4장 '문장 문제'
· 제5장 '도형'
· 제6장 '단위'

먼저 계산 문제에 들어가기 전에 '수의 구조(숫자를 이해하기)'부터 시작합니다. 또, 학교 교과서 순서에 따라 설명하지는 않지만, 각 페이지의 칠판 오른쪽 위에 대상 학년을 표시했습니다. 이것을 보면 아이가 몇 학년의 어느 항목에서 막히는지를 알 수 있습니다.

그러면 서두르지 말고 느긋하게 공부를 즐기면서 부모 자식 간의 '소중한 시간'을 만들어 가기 바랍니다. 여러분의 아이는 반드시 수학을 좋아하게 될 것입니다.

● 칼럼에 대해

이 책에 실린 칼럼(모두 10편)은 저와 '맵 수학 센터'의 소개 외에 교육에 관한 저의 개인적 의견을 적은 것입니다. 원래 사람의 의견은 천차만별이므로 칼럼에 적힌 내용을 독자 여러분에게 강요할 생각은 조금도 없습니다. 다만, 혹시 제 한마디가 아이의 교육에 작은 힌트가 될 수 있다면 그보다 기쁜 일은 없을 것입니다.

칼럼의 내용은 2005년 12월~2006년 5월의 매주 토요일에 FM에도가와(84.3MHz)에서 방송된 〈오시마 히데키의 '어머니 라디오 학원'〉에서 발췌해 편집한 것입니다.

목 차

■제1장 수의 구조

1-1 10까지의 수

친구 찾기	14
1~5까지의 수	16
6~10까지의 수	18
숫자를 나열하는 법	20
몇 번째	22
'5'의 묶음	24
'10'의 묶음	26
몇과 몇	28

1-2 큰 수

10과 몇	32
수직선	34
100까지의 수〈1〉	36
100까지의 수〈2〉	38
1000단위까지의 수〈1〉	40
1000단위까지의 수〈2〉	42
1000단위까지의 수〈3〉	44
1000단위까지의 수〈4〉	46
10000보다 큰 수〈1〉	48
10000보다 큰 수〈2〉	50
10000보다 큰 수〈3〉	52
10배 하기와 10으로 나누기	54

■제2장 덧셈, 뺄셈

2-1 덧셈

10까지의 덧셈	58
받아올림이 있는 덧셈	60
10단위의 덧셈	62
덧셈의 계산〈1〉	64
덧셈의 계산〈2〉 (받아올림이 한 번 있는 덧셈)	66
덧셈의 계산〈3〉 (받아올림이 두 번 이상 있는 덧셈)	68

2-2 뺄셈

10까지의 뺄셈	72
받아내림이 있는 뺄셈	74
10단위의 뺄셈	76
뺄셈의 계산〈1〉	78
뺄셈의 계산〈2〉 (받아내림이 한 번 있는 뺄셈)	80

뺄셈의 계산〈3〉
(받아내림이 두 번 이상 있는 뺄셈) ·················· 82

2-3 덧셈, 뺄셈의 연구

'0'의 덧셈과 뺄셈 ·················· 86
세 수를 더하는 셈 ·················· 88
덧셈법의 궁리 ·················· 90
암산을 하는 법 ·················· 92

제3장 곱셈, 나눗셈

3-1 곱셈

구구단 ·················· 96
곱셈의 의미 ·················· 98
'0'의 곱셈 ·················· 100
'0'이 많이 있는 곱셈 ·················· 102
곱셈의 계산〈1〉
(두 자리×한 자리, 세 자리×한 자리) ·················· 104
곱셈의 계산〈2〉
(세 자리×두 자리) ·················· 106
곱셈의 계산〈3〉
(0이 들어가는 곱셈) ·················· 108
곱셈의 암산 ·················· 110

3-2 나눗셈

나눗셈의 의미 ·················· 114

구구단으로 할 수 있는 나눗셈 ·················· 116
나머지가 있는 나눗셈 ·················· 118
'0'이 많이 있는 나눗셈 ·················· 120
나눗셈의 계산〈1〉
(두 자리÷한 자리, 몫이 한 자릿수에
나머지가 없는 나눗셈) ·················· 122
나눗셈의 계산〈2〉
(두 자리÷한 자리, 몫이 한 자릿수에
나머지가 있는 나눗셈) ·················· 124
나눗셈의 계산〈3〉
(두 자리÷한 자리, 몫이 두 자릿수에
나머지가 없는 나눗셈) ·················· 126
나눗셈의 계산〈4〉
(두 자리÷한 자리, 몫이 두 자릿수에
나머지가 있는 나눗셈) ·················· 128
나눗셈의 계산〈5〉
(세 자리÷두 자리, 몫이 두 자릿수에
나머지가 있는 나눗셈) ·················· 130
나눗셈의 계산〈6〉
(계산식을 생략) ·················· 132
나눗셈의 계산〈7〉
(답의 도중에 '0'이 들어가는 나눗셈) ·················· 134
나눗셈의 계산〈8〉
('0'이 많이 나오는 계산) ·················· 136

■ 제4장 문장 문제

4-1 덧셈, 뺄셈의 문장 문제

덧셈⟨1⟩(합치면) ……………………… 140

덧셈⟨2⟩(모두, 전부) …………………… 142

덧셈⟨3⟩(많다) ………………………… 144

덧셈⟨4⟩(적다) ………………………… 146

뺄셈⟨1⟩(나머지) ……………………… 148

뺄셈⟨2⟩(차이) ………………………… 150

뺄셈⟨3⟩(적다) ………………………… 152

뺄셈⟨4⟩(많다) ………………………… 154

4-2 곱셈, 나눗셈의 문장 문제

곱셈⟨1⟩(□가 △개) …………………… 158

곱셈⟨2⟩(곱하기, 더하기) ……………… 160

곱셈⟨3⟩(곱하기, 빼기) ………………… 162

나눗셈⟨1⟩(나눠 주면) ………………… 164

나눗셈⟨2⟩(○○씩) …………………… 166

나눗셈⟨3⟩(○○씩에 □□가 남는다) … 168

나눗셈⟨4⟩(답에 1을 더한다) ………… 170

나눗셈⟨5⟩(나누기, 더하기) …………… 172

나눗셈⟨6⟩(나누기, 빼기) ……………… 174

■ 제5장 도형

5-1 점과 선

점과 점을 잇는다⟨1⟩
(자를 이용해 선을 긋는다) …………… 178

점과 점을 잇는다⟨2⟩
(같은 도형을 그려 본다) ……………… 180

5-2 평면

성냥개비를 이용해 도형 만들기 …… 184

꼭짓점, 변, 각 ………………………… 186

삼각형과 사각형 ……………………… 188

직각 …………………………………… 190

직사각형 ……………………………… 192

정사각형 ……………………………… 194

5-3 입체

블록 …………………………………… 198

상자 모양⟨1⟩(꼭짓점, 변, 면) ………… 200

상자 모양⟨2⟩(전개도) ………………… 202

여러 가지 입체 ……………………… 204

■ 제6장 단위

6-1 길이

길이⟨1⟩(어느 것이 더 길까?) ················ 208

길이⟨2⟩(센티미터(cm)) ························ 210

길이⟨3⟩(밀리미터(mm)) ······················· 212

길이⟨4⟩(미터(m)) ································ 214

길이⟨5⟩(킬로미터(km)) ························ 216

6-2 무게

무게⟨1⟩(어느 쪽이 무거울까?) ·············· 220

무게⟨2⟩(그램(g), 킬로그램(kg)) ············ 222

무게⟨3⟩(눈금) ····································· 224

6-3 부피

부피⟨1⟩
(길이나 무게와 다른 단위) ··················· 228

부피⟨2⟩
(밀리터(㎖), 데시리터(㎗), 리터(ℓ)) ······· 230

6-4 시각과 시간

시각과 시간⟨1⟩
(시각과 시간의 차이) ··························· 234

시각과 시간⟨2⟩
(초, 분, 시간) ······································ 236

시각과 시간⟨3⟩
(오전과 오후) ······································ 238

시각과 시간⟨4⟩
(○○분 후, ○○분 전) ························· 240

시각과 시간⟨5⟩
(몇 시 몇 분부터 몇 시 몇 분까지) ········ 242

칼럼

- 오시마 히데키는 어떤 사람일까? 또 '맵'이란 무엇일까? ················ 30
- 어머니! 아이와 같이 공부해 주세요 ················ 70
- 귀찮음은 상상력의 부족과 동의어입니다 ················ 84
- 집짓기 놀이나 블록 쌓기, 기지 만들기 놀이로 상상력을 키워 봅시다 ················ 112
- 학원에 보내는 시기는 언제가 최적일까요? 그리고 학원은 왜 필요할까요? ················ 156
- 취미 활동은 시작할 때보다 그만둘 때가 더 어렵습니다 ················ 182
- 어른의 의식을 바꿉시다! 아이에게 공부와 놀이는 똑같습니다 ················ 196
- 심부름이나 장보기는 생각하는 힘을 길러 줄 절호의 기회입니다 ················ 218
- '공통성의 인식'과 '규칙성의 발견'을 통해 예측할 수 있게 됩니다 ················ 226
- 머릿속에 칸막이를 만들어 발상과 생각을 늘려 나갑시다 ················ 232

제1장 수의 구조

1-1	10까지의 수	13
1-2	큰 수	31

● **칼럼**
오시마 히데키는 어떤 사람일까? 또 '맵'이란 무엇일까? 30

1·1 10까지의 수

친구 찾기	14
1~5까지의 수	16
6~10까지의 수	18
숫자를 나열하는 법	20
몇 번째	22
'5'의 묶음	24
'10'의 묶음	26
몇과 몇	28

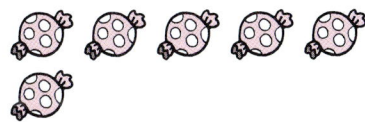

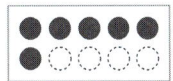 6 은 5와

친구 찾기

[예제] 친구끼리 동그라미로 묶어 봅시다.

지도 포인트 ‘친구 찾기’는 ‘공통성의 인식’이 중요합니다.
키 워드를 지정해 ‘친구 찾기’를 시켜 보세요.

‘수학’의 시작은 ‘덧셈’과 ‘뺄셈’이라고 생각하는 엄마가 많을 것입니다. 지금 이 책을 보는 엄마도 그렇게 생각하지 않나요? 하지만 그 전에 해야 할 중요한 작업이 있답니다. 바로 같은 종류를 찾는 ‘친구 찾기’입니다. 이것은 덧셈이나 뺄셈을 공부하기에 앞서 꼭 해야 하는 훈련입니다.

먼저 놀이를 한다는 기분으로 칠판에 그려진 그림에서 "같은 친구를 찾아보렴." 이라고 아이에게 말을 해 보세요. 그리고 칠판 오른쪽에 적혀 있는 【아이에게 이

대상 학년 : 초등학교 1학년 1-1 10까지의 수

[아이에게 이렇게 물어보자]

· 같은 친구를 찾아보렴.

· 동그라미는 정성껏 그렸니?

· 동물 친구는 어떤 것일까?

· 곤충 친구는 어떤 것일까?

· 꽃 친구는 어떤 것일까?

· '○○하고 □□'는 어떤 게 더 많을까?

렇게 물어보자]를 참고해서 같이 공부해 보세요.

'친구 찾기'는 키 워드에 따라 달라집니다. 예를 들어 "동물 친구는 어떤 것일까?"라는 질문에는 새와 양, 거북이가 한 묶음이 되지요. 하지만 "하늘을 나는 친구들을 묶어 보렴."이라고 물어보면 새와 곤충이 한 묶음이 되고 양과 거북이는 친구가 아니게 됩니다. 또 "어느 쪽 친구들이 더 많을까?"라고도 물어보세요. 이 '많다', '적다'라는 감각이야말로 덧셈과 뺄셈의 기본이 된답니다.

수학의 진짜 시작은 그림이나 말을 통해 '친구 찾기'를 하거나 '친구가 아닌 것'을 찾아내는 것입니다. 이 '공통성의 인식'이라는 개념을 엄마가 먼저 이해하고 아이를 가르치는 것이 중요합니다.

1~5까지의 수

【예제】 그림의 수만큼 동그라미에 색을 칠하고 숫자로 써 봅시다.

   　【예】 　【나쁜 예】  그림의 수만큼 동그라미에 색을 칠할 때는 위 칸부터 차례대로 칠해 주세요

  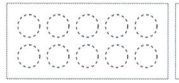

    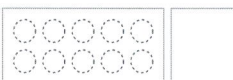

     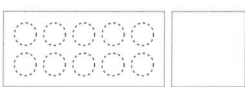

지도 포인트　그림에서 본 수와 숫자를 맞추면 됩니다.
숫자를 쓰는 순서에도 신경 써 주세요.

먼저 앞 페이지의 【친구 찾기】에서 모은 친구의 수를 숫자로 써 보게 하세요. 여기에서 중요한 것이 '공통성의 인식' 입니다. 즉 그림에서 본 수와 숫자를 맞추는 것이지요. '그림과 숫자'의 '공통성의 인식' 이야말로 수의 개념을 이해하는 기초가 된답니다.

그런 다음에는 숫자의 대소를 확인해 주세요. 아, 여기에 짚고 넘어가야 할 중요한 점이 있습니다. 처음부터 "어느 쪽이 더 클까?"라고 물어보지 말고 "어느 쪽이 더 많을까?"라고 물어봐야 합니다. 아이

대상 학년 : 초등학교 1학년　　1-1　10까지의 수

숫자를 쓰는 순서와 읽는 법을 익히자! 1~5까지

1 **2** **3** **4** **5**
일　　이　　삼　　사　　오

[아이에게 이렇게 물어보자]

- 1하고 3은 어느 쪽이 더 많을까?
  몇이 더 많을까?

- 2하고 5는 어느 쪽이 더 적을까?
  몇이 더 적을까?

들은 '숫자가 크다.'라는 감각보다 '숫자가 많다.'라는 감각을 더 쉽게 이해한답니다.
'크다' = '많다'
'작다' = '적다'
이와 같이 생각하도록 이끌어 주면 좋습니다.
또 '숫자를 쓰는 순서'에도 세심한 주의를 기울여 주세요. 특히 '0'과 '6'은 쓰거나 읽을 때 혼동하기 쉬우므로 주의 깊게 살펴 주세요.
그리고 칠판의 왼쪽에 있는 예제처럼 그림의 수만큼 색을 칠할 때 ○의 수를 다섯 개씩 2단으로 만들면 '5'의 묶음을 이해하는 데 도움이 된답니다.

6~10까지의 수

【예제】 그림의 수만큼 동그라미에 색을 칠하고 숫자로 써 봅시다. 또 그 숫자는 '5와 몇' 으로 되어 있을까요?

【예】

  은 5와

①   은(는) 5와 □

②   은(는) 5와 □

③   은(는) 5와 □

답 ① 8, 3   ② 7, 2   ③ 10, 5

지도 포인트 6, 7, 8, 9, 10은 '5와 몇' 으로 되어 있는지 연습합니다.

앞 페이지에서 그림의 수와 숫자를 맞추는 연습은 잘되었나요? 이번에는 '6~10까지의 수' 를 익혀 보도록 하지요.
예를 들어 손가락 일곱 개를 아이에게 펼쳐 보이며 "몇 개일까?"라고 물어보세요. 아이가 수를 어떻게 셀까요? 대부분은 손가락을 하나씩 꼽으며 셀 것입니다. 하지만 어른들은 그렇게 하나씩 숫자를 세지 않지요. 왜 그럴까요? 한 손의 손가락 수가 다섯 개라는 걸 이미 알고 있으니까요. 그래서 한 손의 다섯 손가락은 세지 않고 다른 한 손의 손가락만 '6, 7

대상 학년 : 초등학교 1학년   1-1 10까지의 수

숫자를 쓰는 순서, 읽는 법을 익히자! 6~10까지

 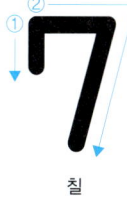   

육　　　　칠　　　　팔　　　　구　　　　십

【아이에게 이렇게 물어보자】

· 8하고 10은 어느 쪽이 더 많을까?
  몇이 더 많을까?

· 8은 5하고 몇으로 되어 있을까?

이라고 세지요.

이와 같이 '6~10까지의 수'를 셀 때 중요한 점은 그 숫자가 '5와 몇?'으로 구성되어 있는가 하는 것이랍니다. 가령 '7'은 '5와 2', '9'는 '5와 4'로 되어 있지요. 또 '5와 몇'으로 생각할 수 있게 되면 '어느 쪽이 많은가(적은가)?'도 쉽게 알 수 있답니다. 굳이 일일이 세지 않아도 '5'를 제외한 나머지를 비교하면 대소 관계를 금방 구분할 수 있으니까요.

앞 페이지와 마찬가지로 그림에서 본 수와 숫자를 맞추는 '공통성'을 인식하면서 5보다 큰 수는 '5와 몇'으로 되어 있는지 생각하는 연습을 반복해서 지도해 주세요. 이 연습은 '자릿수가 커지는 덧셈', '자릿수가 작아지는 뺄셈'을 정확히 할 수 있게 만드는 비결이랍니다.

숫자를 나열하는 법

[예제] 다음 □에 들어갈 숫자는 몇일까요?

① 1 - 2 - □ - □ - 5

② 10 - □ - □ - 7 - 6

③ □ - 4 - 6 - 8 - □

조언 한마디

몇씩 늘어나고 있는지,
몇씩 줄어들고 있는지
규칙을 발견하는 것이 중요합니다.

답
① 3, 4
② 9, 8
③ 2, 10

 **지도 포인트** 숫자의 나열에서 '규칙성'을 발견하는 것은 '예측'을 위한 첫걸음입니다.

먼저 앞에서 연습한 '1~10까지의 수'를 아이가 정확히 셀 수 있는지 한 번 더 확인해 보기 바랍니다.

그러면 이번에는 숫자 몇 개를 늘어놓고 그 숫자의 '규칙성'을 찾는 훈련을 해 볼까요? 예를 들어 칠판에 적힌 예제①과 같이 1-2-□-□-5의 순서로 숫자가 늘어서 있다고 가정해 봅시다. 이때 먼저 아이에게 "이건 작은 순서대로 늘어놓은 걸까, 큰 순서대로 늘어놓은 걸까?"라고 물어보세요. 그래서 아이가 작은 순서대로 나열한 것(규칙성)을 발견하면 다음에

대상 학년 : 초등학교 1학년   1-1 10까지의 수

【아이에게 이렇게 물어보자】

· 1~10까지 세어 보렴.

· 1~10까지 써 볼까?

(왼쪽의 예제를 참고로)

· 이건 작은 순서대로 늘어놓은 걸까, 큰 순서대로 늘어놓은 걸까?

· 몇씩 늘어나고 있을까?

· 몇씩 줄어들고 있을까?

는 "몇씩 늘어나고 있을까(줄어들고 있을까)?"라고 질문합니다. 1에서 2는 1이 늘어난 것입니다. 그렇다면 2의 뒤에 오는 수도 1이 늘어날 것입니다. 따라서 □에는 '3'이 들어가며, 그 다음의 □에는 '4'가 들어가는 것을 알 수 있습니다.

이 '규칙성을 발견하는 훈련'은 다음에 어떤 일이 일어날지에 대한 '예측'으로 이어지는 것이지요. 어른에게는 당연하지만 아이에게는 무엇보다도 어려운 문제입니다.

새로운 것(규칙성)을 발견하는 것은 인생의 대발견이기도 합니다. 아이가 스스로 찾아낼 수 있도록 이끌어 주는 것이 중요합니다. 새로운 발견을 했을 때의 기쁨은 어른이나 아이나 마찬가지지요.

몇 번째

【예제】 ① 왼쪽부터 세 번째에 동그라미를 그려 봅시다.

【예제】 ② 왼쪽에서 세 개를 동그라미로 묶어 봅시다.

지도 포인트

'~에서 몇 번째'와 '~에서 몇 개'를 구별하는 것이 중요합니다. 표현의 차이를 이해하도록 지도해 주세요.

말을 잘못하거나 잘못 듣는 바람에 진땀을 뺀 적이 있지는 않나요? 일상생활을 하다 보면 그런 실수가 자주 일어나지요. 수학에서도 이렇게 표현 방법의 차이로 답이 달라지기도 한답니다.

칠판에 적힌 예제①과 ②의 문장을 살펴보도록 하지요. '왼쪽에서 세 번째'와 '왼쪽에서 세 개'는 '번째'와 '개'라는 차이밖에 없습니다. 그런데 이 차이에 따라 답이 어떻게 달라질까요? ①은 사슴에 동그라미를 그리는 것이 정답입니다. 하지만 ②는 거북이와 벌, 사슴을 동그라

대상 학년 : 초등학교 1학년   1-1 10까지의 수

[아이에게 이렇게 물어보자]

(1) 왼쪽에서 세 번째는 어떤 동물일까?

(2) 왼쪽에서 세 개는 어떤 동물들일까?

(3) 오른쪽에서 네 번째는 어떤 동물일까?

> **조언 한마디**
> 숫자를 바꾸면서 연습해 보기 바랍니다.

답
(1) 사슴
(2) 거북이, 벌, 사슴
(3) 고양이

미로 묶어야 하지요. '오른쪽에서', '왼쪽에서'나 '앞에서', '뒤에서', '위에서', '아래에서' 같은 다양한 표현을 사용해 반복 연습을 시켜 주세요.

이런 표현의 차이를 구별하는 것은 앞으로 풀어야 할 문장 문제와 깊은 관계가 있습니다. 공부뿐만 아니라 일상생활에서도 말의 차이를 이해하는 것은 아주 중요한 일이지요.

> **조언 한마디**
> 표현의 차이를 이해합니다.
>
> **예**
> '왼쪽에서 두 번째'와
> '왼쪽에서 두 개'의 차이.
>
> '왼쪽에서 세 번째부터 다섯 번째'와
> '왼쪽에서 세 개와 다섯 개'의 차이.

'5'의 묶음

[예제]

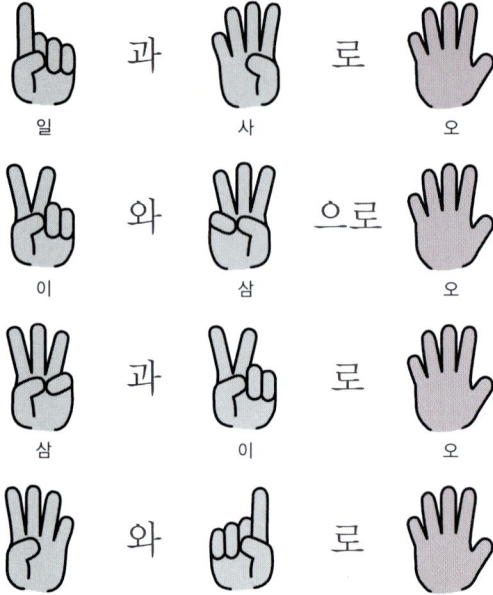

조언 한마디

리듬에 맞춰 소리 내어 연습하세요.

지도 포인트 자릿수에 대한 이해는 '5'의 묶음으로 시작합니다. 몇과 몇이 있으면 '5'가 되느냐가 핵심입니다.

덧셈은 '10'이 되면 자릿수를 올린다고 무심코 생각하지 않나요? 분명히 틀린 말은 아니지만, 사실은 그 전에 5단위로 올라갑니다.

자릿수의 감각은 '묶음'입니다. 가령 10개가 들어가는 달걀 상자를 생각해 볼까요? 10개가 들어가 하나의 '묶음'이 되지만, 상자 안을 들여다보면 '5개씩 두 줄'로 나뉘어 있지요. 즉 '10의 묶음'이기 전에 한 손의 손가락 수와 같은 '5의 묶음'이 있는 것입니다.

초등학교에 입학하기 전 또는 입학한 직

대상 학년 : 초등학교 1학년   1-1 10까지의 수

[아이에게 이렇게 물어보자]

(1) 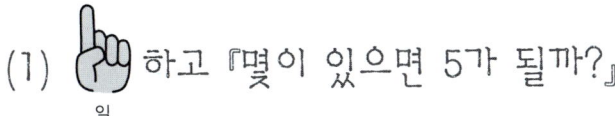 하고 『몇이 있으면 5가 될까?』
   일

(2) ✌ 하고 『몇이 있으면 5가 될까?』
   이

(3) 🤟 하고 『몇이 있으면 5가 될까?』
   삼

(4) 🖖 하고 『몇이 있으면 5가 될까?』
   사

(5) 🖐 하고 『몇이 있으면 5가 될까?』
   오

답
(1) 4
(2) 3
(3) 2
(4) 1
(5) 0

후의 아이에게 갑자기 "3하고 7을 더하면 몇일까?"라고 물어보면, 대부분 선뜻 대답하지 못하고 한참 생각에 빠집니다. 하지만 "5하고 5를 더하면 몇일까?"라고 물어보면 '10'이라고 대답합니다. 일상생활에서 '5'의 묶음을 무의식적으로 이해하고 있는 것이지요. 그래서 이 '5'의 묶음에 대한 감각을 몸에 익히기 위한 훈련이 바로 칠판에 쓴 "~하고 몇이 있으면 5가 될까?"라는 질문입니다. 이때 소리 내어 읽게 하는 것도 좋습니다.

'5'의 묶음이라는 감각에 익숙해지면 양손을 써서 '6'이나 '7', ……, '9'를 만들었을 때 한 손의 '5'는 세지 않고 다른 한 손의 손가락 수만 보고 '6', '7', ……, '9'를 셀 수 있게 될 것입니다.

'10'의 묶음

[예제] 사탕이 모두 10개 있습니다. 그렇다면 손 안에 있는 사탕은 몇 개일까요?

답
① 2개
② 4개
③ 6개

합쳐서 '10'이 되는 조합은 '자릿수 오름'과 '자릿수 내림'의 기초입니다.

이 장에서는 '자릿수 오름'과 '자릿수 내림'의 기초가 되는 '10'의 묶음을 만드는 훈련을 해 보도록 해요.

칠판에 나와 있는 것과 같이 사탕을 10개 준비합니다. 그리고 그중에 몇 개를 손에 쥐고 "손 안에 몇 개가 있을까?" 하고 아이에게 물어봅니다. 그러면 대부분 아이가 남아 있는 사탕을 하나씩 센 다음에 손 안에 몇 개가 있을지 생각하겠지요. 이런 식으로 합쳐서 '10'이 되는 조합을 만드는 훈련을 합니다. 예를 들면 '1하고 9이면 10', '2하고 8이면 10', '3하고 7

대상 학년 : 초등학교 1학년   1-1 10까지의 수

[아이에게 이렇게 물어보자]

손 안에 사탕이 ○개 있단다.
그럼 몇 개가 더 있으면 10이 될까?

함께해 봅시다!

1하고 9이면 10	1하고 9이면 10, 9하고 1이면 10
2하고 8이면 10	2하고 8이면 10, 8하고 2이면 10
3하고 7이면 10	3하고 7이면 10, 7하고 3이면 10
4하고 6이면 10	4하고 6이면 10, 6하고 4이면 10
5하고 5이면 10	5하고 5이면 10
6하고 4이면 10	
7하고 3이면 10	
8하고 2이면 10	
9하고 1이면 10	

조언 한마디

숫자를 바꿔 가면서
둘이 합쳐 '10'이 되는
패턴을 반복해 연습하세요.

이면 10'과 같은 식이지요. 이것을 아이와 함께 리듬에 맞춰서 소리 내어 말해 보세요. 리듬은 공부를 즐겁게 만들어 주는 비결이지요.

이때 주의해야 할 점이 있답니다. 아이들은 '1하고 9이면 10'과 '9하고 1이면 10'을 각각 다른 것으로 생각하기 때문에 이 두 가지가 같다는 사실을 알 수 있도록 도와주세요.

이 훈련은 시간을 넉넉히 잡고 반복해 주세요. 엄마가 "1"이라고 말하면 아이는 "9", "2"라고 하면 "8"이라고 대답하는 식의 게임 같은 느낌으로 아이와 놀아 주기 바랍니다. 이 훈련을 반복하다 보면 이윽고 아이는 '1하고 9이면 10'과 '9하고 1이면 10'이 같은 것을 깨닫게 될 겁니다. 그 발견이 중요한 것이지요.

몇과 몇

[예제] 다음 □ 안에 들어갈 수는 몇일까요?

① 6은 5와 □

② 7은 5와 □

③ 5와 □이면 8

④ 5와 □이면 9

> **조언 한마디**
> 두 수를 합쳐서 6, 7, 8, 9를 만드는 연습입니다. 특히 '5와 몇'이 되는 패턴을 반복해서 연습시켜 주세요.

답
① 1
② 2
③ 3
④ 4

지도 포인트 6, 7, 8, 9가 '5'와 몇으로 되어 있는지 반복 연습하세요.

"지금 사탕이 5개 있어요. 그런데 친구한테 1개를 받았네요. 그러면 모두 몇 개일까요?"
이와 같은 엄마와 아이의 훈훈한 대화가 수학의 개념으로 이어진답니다. 사탕의 수는 처음에 5개였지요. 여기에 1개를 더하면 6개가 됩니다.
즉 칠판의 오른쪽에 적혀 있는 '5하고 1이면 6', '5하고 2이면 7'과 같은 숫자놀이와 같은 것이랍니다.
예제처럼 어떤 수가 '몇과 몇'으로 되어 있는지 여러 가지 경우를 리듬에 맞춰 연

대상 학년 : 초등학교 1학년   1-1 10까지의 수

[아이에게 이렇게 물어보자]

(1) 5하고 1이면 몇이 될까?

(2) 5하고 2이면 몇이 될까?

(3) 5하고 3이면 몇이 될까?

(4) 5하고 4이면 몇이 될까?

조언 한마디

처음에는 엄마가 양손가락을 보여 주면서 연습하는 것이 좋습니다.

답
(1) 6
(2) 7
(3) 8
(4) 9

습해 보지요. 특히 6, 7, 8, 9가 '5'와 몇으로 되어 있는지가 중요합니다.

그러면 이번에는 엄마에게 질문하겠어요. '1과 6', '2와 7', '3과 8', '4와 9'는 각각 같은 부류이지요.

과연 어떤 부류일까요?

한 묶음을 만들기 위해 더하는 숫자가 같은 '친구'를 아래에 소개해 놓았습니다. 이 '묶음'이라는 개념을 거듭 연습해서 아이에게 습관이 배도록 도와주세요.

'1'은 앞으로 4만 더 있으면 '5의 묶음'

'6'은 앞으로 4만 더 있으면 '10의 묶음'

'2'는 앞으로 3만 더 있으면 '5의 묶음'

'7'은 앞으로 3만 더 있으면 '10의 묶음'

'3'은 앞으로 2만 더 있으면 '5의 묶음'

'8'은 앞으로 2만 더 있으면 '10의 묶음'

칼럼

오시마 히데키는 어떤 사람일까? 또 '맵'이란 무엇일까?

안녕하세요? 지은이 오시마 히데키입니다. 먼저 저와 '맵 교육 센터'에 대해 소개하겠습니다. 제 약력은 이렇습니다.

저는 1961년에 도쿄에서 태어났습니다. 중학교에서는 야구부에 소속되어 프로 야구 선수를 꿈꾸기도 했지요. 그러다가 고등학교 시절에 음악에 눈을 뜨면서 대학에서 음악 서클에 가입해 밴드 활동에 몰두했습니다. 이렇듯 청춘 시절에 스포츠와 공부, 음악 등 다양한 경험을 했습니다. 취미인 스포츠 관람과 음악 감상은 이때의 영향이라고 할 수 있지요(가끔은 악기도 다룹니다). 또 드라이브도 매우 좋아합니다. 가족은 사랑하는 아내와 두 아들이 있습니다.

그건 그렇고, 대학을 졸업하고 나서 교직의 길을 모색했는데, 어쩌다 보니 학원 강사가 되었습니다. 교육 실습생으로 학교 교단에도 섰습니다만, 학원 강사를 하는 친구의 "사람이 부족하니 좀 도와줘."라는 부탁에 학원 강사로 일하던 것이 오늘날까지 이르렀습니다……. 하지만 지금은 학원 강사가 제 천직이 아닐까 하고 생각합니다.

그리고 1998년 봄에, '21세기에 활약할 아이들을 뒤에서 지원하자.'라는 뜻(교육 컨셉)을 함께 하는 동료들과 함께 도쿄 도 에도가와 구 니시카사이에 초·중학생을 대상으로 하는 학습 학원 '맵 교육 센터'를 설립하고 학원장이 되었습니다.

참고로 맵=MAP이란,

Multimedia (멀티미디어)
Advanced education (선진적 교육)
Planning (계획)

의 머리글자로, '멀티미디어와 선진적인 교육을 융합해서 사회에 공헌하자.'라는 의미가 담겨 있답니다. 그래서 학원에 컴퓨터 등 IT 환경을 갖춰 학생들이 자유롭게 이용하도록 하고, 책을 기획, 편집, 제작하고 라디오 *방송에도 출연하는 등 다양한 시도를 하고 있지요.

---

* 오시마 히데키의 '어머니 라디오 학원' – FM에도가와 / 84.3MHz 2005년 12월부터 2006년 5월에 방송되었습니다.

1-2 큰 수

10과 몇	32
수직선	34
100까지의 수<1>	36
100까지의 수<2>	38
1000단위까지의 수<1>	40
1000단위까지의 수<2>	42
1000단위까지의 수<3>	44
1000단위까지의 수<4>	46
10000보다 큰 수<1>	48
10000보다 큰 수<2>	50
10000보다 큰 수<3>	52
10배 하기와 10으로 나누기	54

10과 몇

[예제] 사탕은 모두 몇 개일까요?

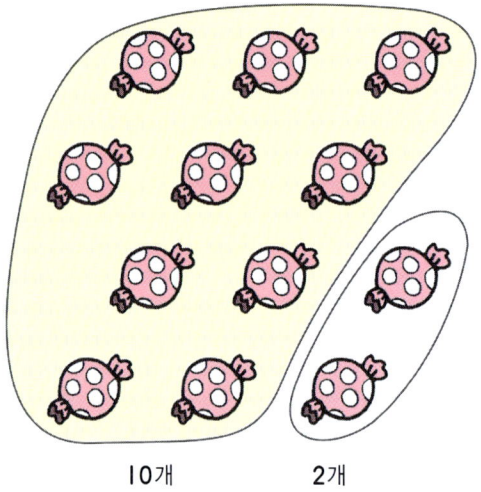

10개   2개

답 12개

십의 자리	일의 자리
1	2

이 '1'은 10의 묶음이 1개 있다는 뜻

조언 한마디

십의 자리 숫자가 '10이 몇 개 있는지를 나타낸다.'는 것을 이해시켜 주세요.

지도 포인트

11부터 19까지의 수는 '10과 몇'이 키 워드입니다.

이번에는 '10'이 넘는 수를 공부하도록 하지요. 지금까지의 '묶음' 개념을 완전히 익혔다면 어렵지 않을 것입니다.

옛날에 10원짜리 동전을 열 개씩 쌓아서 동전 더미를 만들었던 기억이 있지요? 우리는 일상생활에서 무의식적으로 '10의 묶음'을 만들고 있답니다.

'10'이 넘는 수를 공부할 때 중요한 점은 아이에게 같은 표현을 써서 일정한 리듬으로 질문하는 것입니다. 칠판 오른쪽의 질문을 참고해 주세요. 항상 같은 표현을 써서 일정한 리듬으로 질문하면 아이는

대상 학년 : 초등학교 1학년   1-2 큰 수

[아이에게 이렇게 물어보자] 왼쪽의 예제를 참고로

(1) 사탕 10개를 동그라미로 묶어 보자! 그러면 남은 사탕은 몇 개일까?

(2) 사탕 10개 묶음 하나하고 남은 사탕 2개를 더하면 몇 개일까?

(3) 12에서 십의 자리에 있는 숫자는 몇일까?

답 (1) 2개 (2) 12개 (3) 1

다음 질문을 예측하게 됩니다. 그러면 생각하는 순서가 정해져서 어렸을 때부터 사물을 논리적으로 생각할 수 있게 된답니다. 일정한 리듬으로 같은 질문을 반복하기가 귀찮을 수도 있지만, 끈기 있게 계속하는 것이 중요합니다.

'10의 묶음'을 만드는 것은 두 자리 수를 나타낼 때 매우 중요합니다. '12'를 예로 들어 보지요. 이것은 '10의 묶음' 1개와 2가 있는 것입니다. 마찬가지로 '17'은 '10의 묶음' 1개와 7이 있는 것이지요. 이것을 표로 만들면 칠판 왼쪽 아래와 같이 십의 자리에 '10의 묶음'의 수로 '1'이 표시됩니다.

수직선

[예제] 다음 □에 들어갈 수는 몇일까요?

① 10보다 3 큰 수는 □입니다

② 16보다 □ 작은 수는 11입니다

수직선

조언 한마디
수직선을 이용해서 수의 대소를 이해하고 문제를 풀어 보세요.

답 ① 13
　　② 5

지도 포인트
수직선을 이용해 수의 대소를 비교해 보세요. '오른쪽으로 가면 커진다.', '왼쪽으로 가면 작아진다.'는 것이 핵심입니다.

수의 대소(大小)는 어떻게 비교하면 좋을까요?
이때 중요한 점은 '아이가 수를 올바르게 인식하고 있느냐?' 입니다. 즉 한 손의 손가락 다섯 개를 펼쳤을 때 이를 보고

'5'라고 대답할 수 있는지 다시 한 번 확인해 주세요. 만약 틀린 대답을 하거나 금방 대답하지 못하고 머뭇거린다면 앞부분을 다시 복습해 주세요.
'수의 대소'를 비교하려면 '수직선(數直

대상 학년 : 초등학교 1 학년

1-2 큰 수

【아이에게 이렇게 물어보자】

(1) 12와 18은 어느 쪽이 오른쪽에 있을까?

(2) 12와 18은 어느 쪽이 더 클까?

(3) 18은 12보다 몇이 클까?

(4) 12는 18보다 몇이 작을까?

(5) 12보다 2가 큰 수는 몇일까?

(6) 18보다 3이 작은 수는 몇일까?

답 (1) 18 (2) 18 (3) 6 (4) 6 (5) 14 (6) 15

線)'을 이용하는 것이 좋습니다. '수직선'은 칠판 왼쪽에 있는 선이지요. 여기에서 중요한 것은 '오른쪽으로 갈수록 커진다.', '왼쪽으로 갈수록 작아진다.'는 것입니다. '12'와 '18'을 예로 들어 볼까요? 수직선에서 더 오른쪽에 있는 수는 '18'이지요. 따라서 '18'이 '12'보다 더 큰 수라는 것을 알 수 있습니다. 이렇게 수직선을 이용하여 수의 대소를 구할 수 있습니다. 또 '몇이 더 큰가(작은가)'도 알아볼 수 있답니다. 수직선 위에 손가락을 놓고 두 수의 차이를 세어 보면 '크다', '작다'의 감각을 익히기가 더욱 쉬워집니다.

100까지의 수 〈1〉

[예제] 수를 세어 봅시다.

①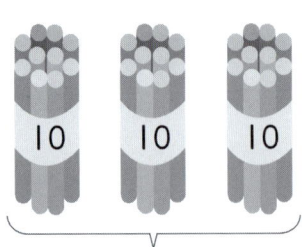
10이 3개이므로 30

조언 한마디
'30'은 '삼십', '54'는 '오십사'라고 읽는다는 것을 가르쳐 주세요.

②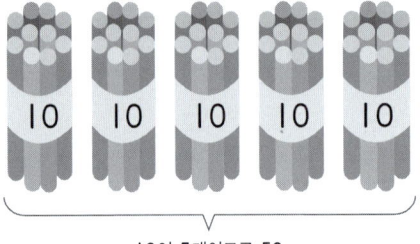
10이 5개이므로 50   1이 4개이므로 4

십의 자리	일의 자리
10의 묶음의 방	1의 묶음의 방

답 ① 30 ② 54

지도 포인트: '10의 묶음의 방'과 '1의 묶음의 방', 이것이 자릿수 정하기의 포인트입니다.

'10과 몇'을 다시 떠올려 보지요. '10의 묶음'을 동그라미로 묶고 남은 수를 센 다음 그 둘을 더해서 답을 구했지요? 여기에서도 과정은 똑같답니다.

칠판에 있는 예제①에서는 '10'의 묶음이 3개 있습니다. 이 '3'을 '10'의 묶음의 방, 즉 십의 자리에 적습니다. 그러면 남아 있는 수가 없으므로 '0'을 '1'의 묶음의 방, 그러니까 일의 자리에 적어 넣습니다. 따라서 답은 '30'이 되며, 이를 '삼십'이라고 읽습니다.

같은 방법으로 이번에는 예제②를 보면

1-2 큰 수

【아이에게 이렇게 물어보자】 왼쪽 예제를 참고로

① 에서 10의 묶음은 몇 개 있을까?

답

십의 자리	일의 자리
3	0

십의 자리에 적어 보겠니?

이제 몇 개가 남아 있을까?
일의 자리에 적어 보겠니?

② 에서 10의 묶음은 몇 개 있을까?

답

십의 자리	일의 자리
5	4

십의 자리에 적어 보겠니?

이제 몇 개가 남아 있을까?
일의 자리에 적어 보겠니?

서 생각해 보지요. 숫자는 단순히 수를 나타내는 문자가 아닙니다. 숫자를 적는 법에는 의미가 있다는 사실을 아이가 이해하도록 도와주세요. 이와 같은 '수의 구조'를 이해하는 것은 앞으로 수학 공부를 계속하는 데 매우 중요하답니다.
또 숫자를 읽는 법에도 주의해 주세요. 몇몇 아이 중에는 '30(삼십)'에서 '삼'과 '십'의 순서를 반대로 '십삼'이라고 읽는 경우도 있답니다. 정확하게 읽는 법과 쓰는 법이 배도록 지도해 주세요.

100까지의 수 〈2〉

[예제] 다음 질문에 대답하세요.

① 어느 쪽이 더 클까요?

    (1) 30과 80   (2) 65와 56

② 다음 □에 들어갈 수는 무엇일까요?

    (1) 20 - □ - 40 - 50 - □
    (2) □ - 45 - 55 - □ - 75

조언 한마디
몇씩 늘어나고 있는지 '규칙성'을 찾아보세요.

답
①
  (1) 80
  (2) 65
②
  (1) 30, 60
  (2) 35, 65

지도 포인트 1부터 100까지 수의 표는 '오른쪽으로 가면 1씩 늘어난다.', '아래로 내려가면 10씩 늘어난다.' 가 핵심입니다.

아이가 앞 페이지의 '100까지의 수〈1〉'을 완벽하게 익혔나요? 그러면 이번에는 100까지의 수의 대소를 비교해 보도록 하지요.
칠판의 오른쪽을 봐 주세요. 1~100까지의 '수의 표'가 있습니다. 이 표는 오른쪽으로 가면 1씩 늘어납니다. 또 아래로 내려가면 10씩 늘어나지요. 즉 같은 단에 있으면 '오른쪽으로 갈수록 큰 수' 이고, 같은 열에 있으면 '아래로 갈수록 큰 수' 입니다. 그러면 이것을 이용해서 예제①의 대소를 비교해 볼까요?

대상 학년 : 초등학교 1학년   **1-2 큰 수**

1씩 늘어난다 →

10씩 늘어난다 ↓

1	2	3	4	5	6	7	8	9	10
11	12	13	14	15	16	17	18	19	20
21	22	23	24	25	26	27	28	29	30
31	32	33	34	35	36	37	38	39	40
41	42	43	44	45	46	47	48	49	50
51	52	53	54	55	56	57	58	59	60
61	62	63	64	65	66	67	68	69	70
71	72	73	74	75	76	77	78	79	80
81	82	83	84	85	86	87	88	89	90
91	92	93	94	95	96	97	98	99	100

좌측 페이지와 같은 문제는 1~100까지의 수를 적은 표를 이용해 생각해 봅시다.

⑴ 30과 80은 열은 같지만 80이 더 아래에 있지요. 따라서 80이 30보다 크다는 것을 알 수 있습니다.

⑵ 65와 56은 56이 오른쪽에 있기는 하지만 더 큰 수는 아래에 있는 65랍니다. 예제②도 마찬가지입니다. ⑴과 ⑵의 문제에서 알 수 있는 숫자를 수의 표에서 찾아 동그라미로 표시해 보면 어떤 식으로 나열된 것인지 '규칙'을 발견할 수 있습니다. 아이가 스스로 '규칙'을 발견했다면 크게 칭찬해 주세요. 그리고 이때 근처에 있는 달력을 가리키며 "이 표하고 비슷하지 않니?"라고 아이에게 말해 보세요. 수학은 일상 속에 있는 것이랍니다.

이 밖에도 가로에는 1~60까지의 수, 세로에는 1~12까지의 수를 적어 표를 만들면 '시간의 표'가 완성됩니다.

1000단위까지의 수 〈1〉

【예제】 수를 세어 봅시다.

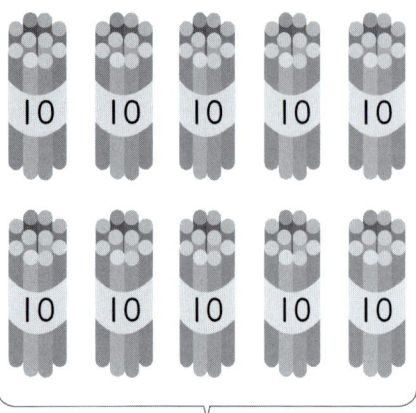

10이 10개이므로 100

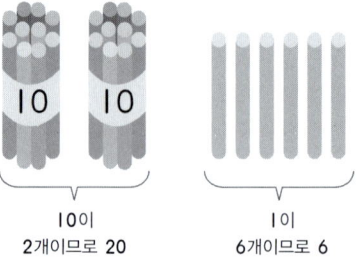

10이 2개이므로 20
1이 6개이므로 6

답

백의 자리	십의 자리	일의 자리
1	2	6
100이 1개	10이 2개	1이 6개

천의 자리	백의 자리	십의 자리	일의 자리
1000의 묶음의 방	100의 묶음의 방	10의 묶음의 방	1의 묶음의 방

100의 묶음이 10개면 1000
10의 묶음이 10개면 100
1의 묶음이 10개면 10

 **지도 포인트**: 1이 10개면 '10', 10이 10개면 '100', 100이 10개면 '1000'. 10개의 묶음이 되면 왼쪽 자리로 이동합니다.

이번에는 '1000' 까지의 수를 학습하도록 하지요.

'돈' 을 예로 들어 봅시다.

1원이 10개 모이면 → 10원
10원이 10개 모이면 → 100원
100원이 10개 모이면 → 1000원

이처럼

1이 10개면 → 10
10이 10개면 → 100
100이 10개면 → 1000

이 되는 표기 방법을 '십진법(十進法)' 이라고 합니다.

대상 학년 : 초등학교 3학년   1-2 큰 수

[아이에게 이렇게 물어보자] 왼쪽의 예제를 참고로

(1) 10의 묶음이 10개면 몇일까?

(2) 100의 묶음(백의 자리)은 몇 개 있을까?

(3) 10의 묶음(십의 자리)은 몇 개가 남아 있을까?

(4) 1의 묶음(일의 자리)은 몇 개 남아 있을까?

조언 한마디

1의 묶음이 10개면 10
10의 묶음이 10개면 100
100의 묶음이 10개면 1,000
이와 같이 10개가 모이면 왼쪽 자리로 이동하는
표시 방법을 십진법이라고 한답니다.

답
(1) 100
(2) 1
(3) 2
(4) 6

칠판 왼쪽에 있는 각 단위의 자리를 볼까요? 각각 '10'의 묶음이 생기면 왼쪽 방으로, 즉 다음 단위로 이동함을 알 수 있습니다.

또 칠판에 적혀 있는 예제와 같이 각 자리의 숫자가 무엇을 나타내는지 확인하는 것도 중요하지요. 가령 '126'은 백의 자리의 숫자가 '1' 입니다. 즉 '100이 1개' 라는 뜻이지요. 다음으로 십의 자리는 '2' 입니다. '10이 2개' 라는 의미이지요. 마지막으로 일의 자리는 '6' 입니다. 이것은 '1이 6개' 라는 뜻이 됩니다.

각 자리의 숫자의 의미를 이해시키려면 칠판 오른쪽에 적혀 있는 것과 같은 질문을 똑같은 순서로 리듬 있게 물어보는 것이 좋습니다.

또 '1000'의 의미를 이해한다면 아이에게 심부름을 시킬 때도 안심이겠지요?

1000단위까지의 수 〈2〉

[예제] 다음 숫자를 읽어 봅시다.

 835 →

1000	100	10	1
	8	3	5

↑ 100이 8개 이므로 팔백   ↑ 10이 3개 이므로 삼십   ↑ 1이 5개 이므로 오

 4261 →

1000	100	10	1
4	2	6	1

↑ 1000이 4개 이므로 사천   ↑ 100이 2개 이므로 이백   ↑ 10이 6개 이므로 육십   ↑ 1이 1개 이므로 일

답
① 팔백삼십오
② 사천이백육십일

지도 포인트: 숫자를 읽으면서 '자리의 방'에 숫자를 하나씩 넣어 보세요.

앞 페이지에서는 각 자리의 숫자가 무엇을 의미하는지 배웠습니다. 그것을 다시 한 번 확인하면서 '1000단위까지의 수'를 읽는 법을 익혀 보도록 하지요.
그러면 칠판에 적힌 예제의 숫자를 읽어 볼까요? 어른에게는 간단하지만 아이들에게는 참으로 어려운 일이 많이 있습니다. 숫자를 읽는 법도 그중 하나지요.
숫자를 읽을 때의 요령은 먼저 '자리의 방'에 숫자를 하나씩 넣어 보는 것입니다. 예제①의 '835'라면 백의 자리에 '8', 십의 자리에 '3', 일의 자리에 '5'를

1-2 큰 수

【아이에게 이렇게 물어보자】 왼쪽의 예제①을 참고로

(1) 8은 무슨 자리일까?

(2) 100이 8개 있으면 몇일까?

(3) 3은 무슨 자리일까?

(4) 10이 3개 있으면 몇일까?

(5) 5는 무슨 자리일까?

(6) 1이 5개 있으면 몇일까?

> **조언 한마디**
> 소리를 내어 읽도록 지도해 주세요.

답
(1) 백의 자리 (3) 십의 자리 (5) 일의 자리
(2) 800(팔백) (4) 30(삼십) (6) 5(오)

넣습니다. 그리고 '자리의 방'에 들어간 각 숫자를 읽은 다음 자리를 읽습니다. 즉, '8(팔)' 다음에 '100(백)'을 붙여 '팔백'이라고 읽고, '3(삼)' 다음에 '10(십)'을 붙여 '삼십'이라고 읽습니다. 일의 자리는 '1(일)'을 붙여서 읽지 않으므로 숫자만 '오'라고 읽지요. 이것을 이어서 읽으면 '팔백삼십오'가 되는 것입니다.

또 숫자를 글자로 쓰는 법도 익혀 두면 좋습니다. 숫자를 글자로 바꾸고 그 뒤에 단위를 붙이기만 하면 되지요.

하지만 종종 단위를 적는 것을 잊고 '팔삼오'처럼 숫자만 적는 실수를 하게 되니 주의하세요.

이처럼 초보 단계 수학의 공부는 어른에게는 당연하게 생각되지만 아이는 처음 접하게 되는 것이 많습니다.

1000단위까지의 수 〈3〉

[예제] 다음 글자를 숫자로 써 봅시다.

삼천육백구십이

조언 한마디
'천', '백', '십'의 앞에 써 있는 수에 주목하세요.

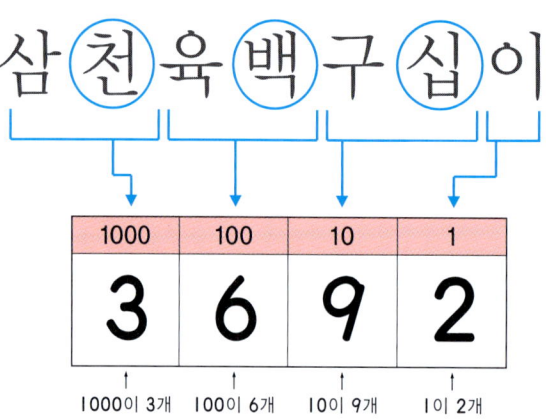

답 3692

지도 포인트 '백', '십' 앞에 써 있는 수를 각각의 '자리의 방'에 넣어 보세요.

앞 페이지에서는 숫자를 글자로 바꾸고 올바르게 읽는 법을 공부했습니다. 이번에는 반대로 글자를 숫자로 바꾸는 연습을 해 보지요.

글자를 숫자로 바꾸는 법의 핵심은 각 단위, 즉 '천', '백', '십'에 동그라미를 그리는 것이지요. 다음에는 그 동그라미를 그린 단위 앞에 있는 글자를 숫자로 바꾸고 각 '자리의 방'에 넣습니다.

그러면 실제로 칠판에 적혀 있는 예제의 '삼천육백구십이'를 숫자로 고쳐 볼까요? 먼저 '천', '백', '십'에 동그라미를 그

1-2 큰 수

대상 학년 : 초등학교 2학년

[아이에게 이렇게 물어보자] 왼쪽의 예제를 참고로

(1) 천 앞에 써 있는 수는 몇일까?
  → 천의 자리에 숫자로 쓴다

(2) 백 앞에 써 있는 수는 몇일까?
  → 백의 자리에 숫자로 쓴다

(3) 십 앞에 써 있는 수는 몇일까?
  → 십의 자리에 숫자로 쓴다

(4) 남은 수는 몇일까?
  → 일의 자리에 숫자로 쓴다

답
(1) 3
(2) 6
(3) 9
(4) 2

립니다. 그리고 그 앞의 숫자를 각 '자리의 방'에 넣습니다. 천의 자리에 '3', 백의 자리에 '6', 십의 자리에 '9', 일의 자리에 '2'. 그러면 답은 '3692'가 되지요. 엄마가 해 줘야 할 일은 아이가 이와 같은 단순한 훈련을 즐겁게, 질리지 않고 계속할 수 있도록 만들어 주는 것입니다. 예를 들어 도화지에 자리의 방(칠판 왼쪽 참조)을 그립니다. 그리고 숫자를 적은 카드를 만들어서 배열을 바꿔 가며 지도하는 것도 좋습니다. 이런 식으로 엄마가 만든 소도구를 이용해 아이와 함께 공부해 주세요. 아이는 엄마가 무엇인가를 만드는 모습에 흥미진진해질 것입니다. '앞으로 무슨 일이 벌어질까?' 하고 말이지요. 작은 아이디어 하나로도 공부에 대한 아이의 의욕이 비약적으로 향상될 수 있답니다.

1000단위까지의 수 〈4〉

[예제] 다음 ☐안에 들어갈 숫자는 몇일까요?

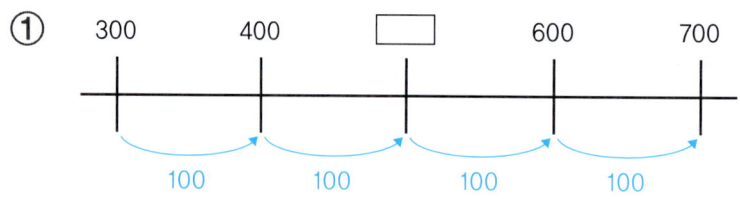

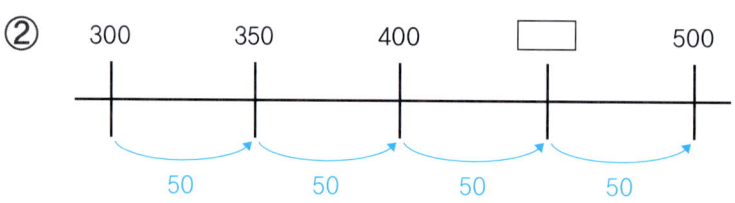

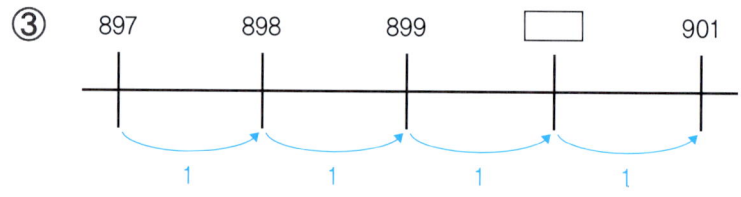

답 ① 500   ② 450   ③ 900

지도 포인트 한 눈금에 몇이 늘어나는지 살펴보세요.

앞에서 '수직선'을 배웠지요. 수직선이라고 하면……. '규칙성의 발견'이지요. 숫자가 언제나 한 눈금에 1씩 늘어나는 것은 아니랍니다. 그러므로 수직선에서는 한 눈금에 얼마씩 늘어나는지 확인하는 것이 중요합니다.

예제①에서는 한 눈금에 100씩 늘어납니다. 따라서 ☐에 들어갈 수는 '500'이 되지요. 예제②에서는 한 눈금에 50씩 늘어납니다. 따라서 ☐에 들어갈 수는 '450'이 됩니다. 예제③에서는 한 눈금에 1씩 늘어납니다. 따라서 ☐에 들어갈

대상 학년 : 초등학교 3학년   1-2 큰 수

【아이에게 이렇게 물어보자】 왼쪽의 예제②를 참고로

(1) 300에서 350은 몇이 늘어난 걸까?

(2) 350에서 400은 몇이 늘어난 걸까?

(3) 400에서 □은 몇이 늘어날 거 라고 생각하니?

(4) 400에서 50이 늘어나면 몇이 될까?

조언 한마디
아이가 규칙성을 발견하도록 이끄는 것이 중요합니다.

답
(1) 50
(2) 50
(3) 50
(4) 450

수는 '900' 이 된답니다.
이와 같이 한 눈금에 몇씩 늘어나는지 알아내는 것이 수직선에서 '규칙성의 발견' 이지요. 이 '규칙성의 발견' 은 그 다음에 대한 '예측' 으로 이어집니다.
참고로 예제③과 같이 한 눈금에 1씩 늘어나 899에서 900과 같이 '100의 단위' 가 바뀔 때는 소리를 내어 읽어 보도록 유도하는 것도 좋은 방법입니다. "다음 숫자는 뭘까?", "다음에는 몇이 늘어날까?" 아이에게 이런 질문을 할 때는 공부한다기보다는 퀴즈 놀이를 한다는 느낌으로 해 주세요.

10000보다 큰 수 〈1〉

[예제] 다음 돈의 액수를 세어 숫자로 적어 봅시다.

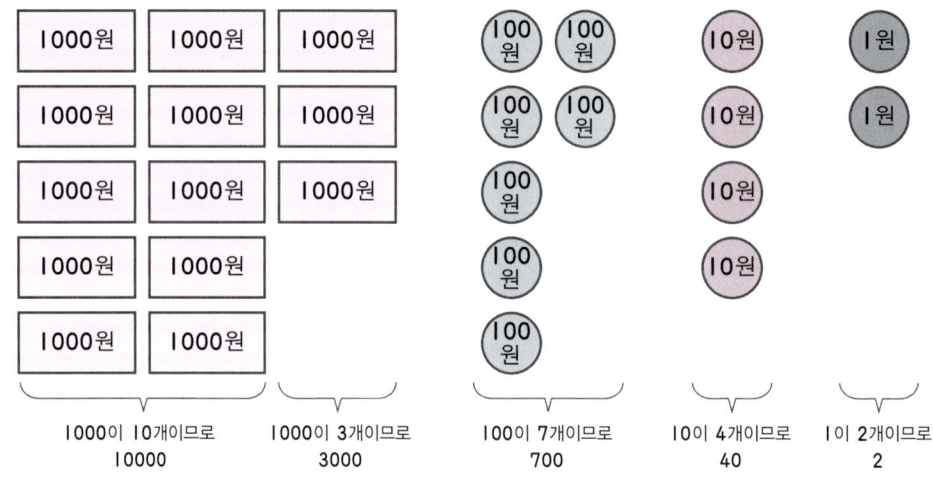

만의 자리	천의 자리	백의 자리	십의 자리	일의 자리
1	3	7	4	2

답 13742원

지도 포인트

'1000'이 10개 모이면 '10000'이 됩니다. '1000'이나 '10000'은 돈을 예로 들어 생각하면 이해하기 쉽습니다.

'1000원짜리 지폐를 10장 가지고 있습니다.'
얼마일까요? 물론 어른이라면 금방 10000원이라고 대답하겠지만, 아이들도 그럴까요?
자, 이제 '1000'이 10개 모여서 만들어지는 새로운 방인 '10000의 자리'를 공부할 차례입니다. '1000'이 10개 모이면 칠판의 왼쪽과 같이 '10000의 자리'라는 방으로 이동하는 것이지요.
그러면 실제로 칠판에 적혀 있는 예제와 같이 각 자리의 방을 만들어 숫자를 적어

대상 학년 : 초등학교 3학년 1-2 큰 수

【아이에게 이렇게 물어보자】 왼쪽의 예제를 참고로

(1) 1000원이 10장이면 얼마가 될까?

(2) 1000원이 몇 장 남았을까?

(3) 1000원이 3장이면 얼마가 될까?

(4) 100원이 7개면 얼마가 될까?

(5) 10원이 4개면 얼마가 될까?

(6) 1원이 2개면 얼마가 될까?

조언 한마디

1000을 10개 모은 단위인 '10000의 자리'가 등장했습니다. 이것은 지금까지의 단위와는 조금 다릅니다.

답
(1) 10000원
(2) 3장
(3) 3000원
(4) 700원
(5) 40원
(6) 2원

넣어 보세요. 그리고 각 자리 숫자의 의미도 잊지 말고 확인해 봅니다.

이 '10000'보다 큰 수에서 주의할 점은 '0'의 개수를 틀리지 않는 것입니다. 지금까지처럼 '0'의 수가 적지 않습니다. 고작해야 한 개 정도 차이라고 생각한다면 큰 오산입니다. 아이는 '10000원'과 '1000원'의 구별을 잘 못하기 때문에 심부름을 보내기가 힘든 것입니다. 이것은 다음 페이지에서 공부할 '10만', '100만', '1000만' 단위로 이어진답니다.

10000보다 큰 수 〈2〉

[예제] 다음 숫자를 읽어 봅시다.

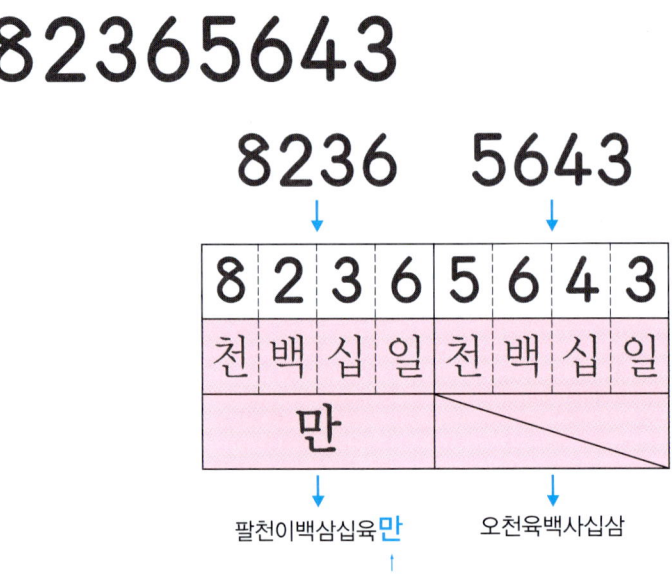

답 팔천이백삼십육만오천육백사십삼

숫자를 오른쪽부터 네 개씩 끊어서 읽어 보세요.

칠판에 적혀 있는 예제 '82365643'을 막히지 않고 읽을 수 있나요? 어른 중에서도 "일, 십, 백, 천……." 하고 세는 사람이 많을 것입니다.

아무래도 일상생활에서 자주 쓰는 숫자는 '만 단위'까지이니까요. 그렇다면 만 단위를 넘는 수는 어떻게 읽을까요? 핵심은 우선 숫자의 오른쪽부터 네 개씩 끊는 것입니다. 그리고 각각에 '천', '백', '십', '일'을 붙여서 읽습니다. 칠판의 예제를 이용해 자세히 설명해 보겠습니다. '85365643'은 '8236'과 '5643'으로 나

1-2 큰 수

【아이에게 이렇게 물어보자】 왼쪽의 예제를 참고로

- 숫자를 오른쪽부터 네 개씩 끊어서 자리의 방에 넣어 보자.
- 왼쪽에 있는 네 개의 방에 들어간 8236은 어떻게 읽을까?
- 오른쪽에 있는 네 개의 방에 들어간 5643은 어떻게 읽을까?
- 8236이 들어간 자리의 방은 만의 방이지? 그러면 '육' 다음에 '만'을 붙여서 읽어 보자.
- 두 개를 이어서 읽어 보렴.

조언 한마디

1만이 10개면 10만
10만이 10개면 100만
100만이 10개면 1000만
'만'을 붙이는 것 말고는 지금까지와 규칙이 같답니다.

눌 수가 있습니다. 이제 이렇게 네 개씩 나눈 숫자에 '천', '백', '십', '일'을 붙이면 '8236'은 '팔천이백삼십육', '5643'은 '오천육백사십삼'이라고 읽을 수 있습니다. 다만 '팔천이백삼십육'과 '오천육백사십삼'을 그대로 이어서 읽으면 안 되지요. '8236'은 '만의 자리'에 들어 있으므로 '팔천이백삼십육만'과 같이 마지막에 '만'을 붙여서 읽습니다. 즉 '팔천이백삼십육만오천육백사십삼'이라고 읽지요.

이처럼 '10000'보다 큰 수를 읽을 때는 오른쪽에서 네 개씩 끊고 두 번째 그룹에는 '만', 세 번째 그룹에는 '억', 네 번째 그룹에는 '조'를 마지막에 붙이면 된답니다.

10000보다 큰 수 〈3〉

[예제] 다음 글자를 숫자로 바꿔 봅시다.

이천팔백구십사만육백오십구

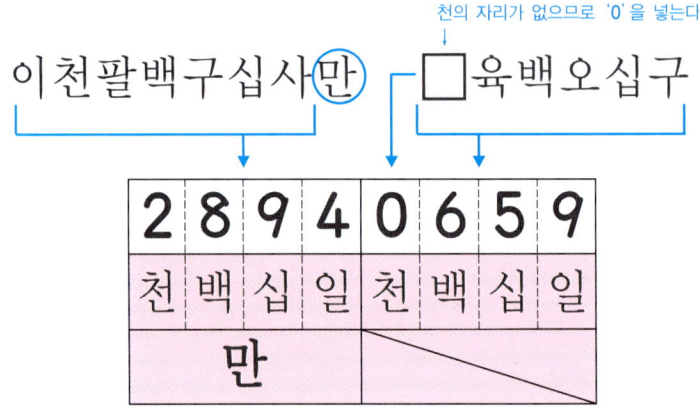

답 28940659

 '만'에 동그라미를 하고 그 앞과 뒤로 나눠서 숫자로 바꿔 봅시다.

글자를 숫자로 바꾸는 요령은 각 자리, 즉 '천', '백', '십'에 동그라미를 그리는 것입니다. 단, '10000보다 큰 수'일 때는 '만'에 동그라미를 그리기 바랍니다. 다음에는 그 '만'의 앞뒤에 있는 글자를 숫자로 바꿔서 각 자리의 방에 적습니다.

칠판에 적혀 있는 예제인 '이천팔백구십사만육백오십구'를 숫자로 바꿔 보지요. 먼저 '만'에 동그라미를 그립니다. 그리고 '만'의 앞에 있는 '이천팔백구십사'를 '만의 방' 안에 있는 '천, 백, 십, 일'의 방에 각각 적어 넣습니다. 다음에는 '만'

1-2 큰 수

대상 학년 : 초등학교 4학년

[아이에게 이렇게 물어보자] 왼쪽의 예제를 참고로

만에 동그라미를 그려 보렴.

(1) 앞의 '이천팔백구십사'를 숫자로 바꿔 보겠니?

(2) 뒤의 '육백오십구'를 숫자로 바꿔 보겠니?

(3) '육백오십구'는 천의 자리가 비어 있구나.
빈 방에는 '0'을 넣고 앞의 숫자와 뒤의 숫자를 이어서 써 보렴!

조언 한마디

뒤의 숫자 '육백오십구'에는 천의 자리가 없으므로 천의 자리의 방에는 '0'을 넣습니다.

답
(1) 2894
(2) 659
(3) 28940659

의 뒤에 있는 '육백오십구'를 '천, 백, 십, 일'의 방에 적어 넣습니다. 그런데 이 문제에서는 '천'의 자리의 숫자가 없지요. 그러므로 '천'의 자리의 방에는 '0'을 넣습니다. 따라서 답은 '28940659'가 되지요.

'천'의 자리의 방에 '0'을 넣는 것을 잊어서 '2849659'가 되거나 올바른 '자리의 방'에 숫자를 넣지 않아 '28946590'이 될 수도 있습니다. 아이들은 종종 이런 실수를 하니 주의해 주세요.

다음 학년에서는 '만'보다 큰 자리인 '억'이나 '조'를 공부는데 가르치는 법은 같습니다. '억'이나 '조'에 동그라미를 치고 각각을 앞뒤로 나눠서 '자리의 방'에 올바르게 적어 넣기만 하면 되지요. 아이가 '만'을 공부하면서 그 감각을 확실히 익힐 수 있도록 도와주세요.

10배 하기와 10으로 나누기

【예제】① 다음 수를 10배 해 봅시다.

358

$$300 \xrightarrow{10배를 한다} 300 \times 10 = 3000$$
$$50 \longrightarrow 50 \times 10 = 500$$
$$8 \longrightarrow 8 \times 10 = 80$$

$\left.\right\}$ 3580

답 3580

【예제】② 다음 수를 10으로 나눠 봅시다.

670

$$600 \xrightarrow{10으로 나눈다} 600 \div 10 = 60$$
$$70 \longrightarrow 70 \div 10 = 7$$

$\left.\right\}$ 67

답 67

지도 포인트 10배를 하면 0이 하나 늘고,
10으로 나누면 0이 하나 줄어듭니다.

'10배를 하면 0이 하나 늘어난다. 10으로 나누면 0이 하나 줄어든다.'
어른들은 당연하게 여기지만, 아직 그 '원리'를 이해하지 못해 답을 구하려는 초등학교 고학년 아이들이 있습니다. 칠판에 적혀 있는 예제 '358의 10배'나 '670을 10으로 나눈 값' 같은 문제도 써서 계산을 하지요. 이를 보면 지금 이 개념이 앞으로의 학습에 얼마나 중요한지 알 수 있습니다.

그러면 저학년 아이들이 이 원리를 이해하게 하려면 어떻게 해야 할까요? 예제

1-2 큰 수

대상 학년 : 초등학교 4학년

[아이에게 이렇게 물어보자] 왼쪽의 예제를 참고로

- 358을 100의 묶음, 10의 묶음, 1의 묶음으로 나눠 보자!

- 300하고 50하고 8에 각각 10배를 해 보겠니?

- 합치면 몇이 될까?

- 358하고 3580은 어디가 다른지 알겠니?

조언 한마디

어떤 수를 10배 하면 그 수의 오른쪽에 '0'이 하나 늘어납니다.
어떤 수를 10으로 나누면 그 수의 오른쪽에 있던 '0'이 하나 줄어듭니다.

①을 풀면서 생각해 보도록 하지요. 먼저 칠판과 같이 '358'을 각각의 단위의 묶음으로 나눕니다. 다음에는 각 단위에 10배를 하고 더하면 정답인 '3580'을 구할 수 있습니다. 이때 "3580과 358은 어디가 다를까?"라고 질문을 해 주세요. '0이 하나 늘어났다.', 즉 '10배를 하면 0이 한 개 늘어난다.'는 사실을 발견하도록 이끌어 주세요. 아이가 이것을 알아낸다면 문제②와 같이 '10으로 나누면 0이 한 개 줄어든다.'는 것도 어렵지 않게 발견할 수 있을 것입니다.

다음 학년에는 숫자가 커져서 '100배'나 '1000배', '100으로 나누기'나 '1000으로 나누기'가 나옵니다. 이것도 마찬가지지요. 아이들이 이 원리를 이해하면 이어서 가르쳐 줘도 문제는 없을 것입니다.

제2장 덧셈, 뺄셈

2-1 덧셈 57
2-2 뺄셈 71
2-3 덧셈, 뺄셈의 연구 85

● 칼럼
　어머니! 아이와 같이 공부해 주세요 70
　귀찮음은 상상력의 부족과 동의어입니다 84

2-1 덧셈

10까지의 덧셈 58

받아올림이 있는 덧셈 60

10단위의 덧셈 62

덧셈의 계산<1> 64

덧셈의 계산<2> (받아올림이 한 번 있는 덧셈) 66

덧셈의 계산<3> (받아올림이 두 번 이상 있는 덧셈) ... 68

$$86 + 57$$

$$\begin{array}{r} 8\,6 \\ +\ 5\,7 \\ \hline 1\,4\,3 \end{array}$$

10까지의 덧셈

[예제] 다음 덧셈을 풀어 봅시다.

① 4 + 3

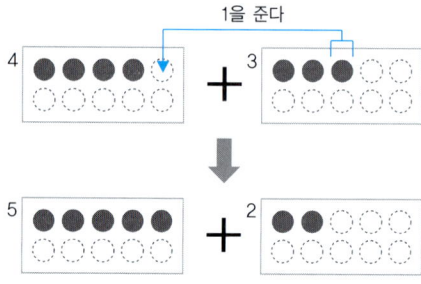

답 7

② 6 + 2

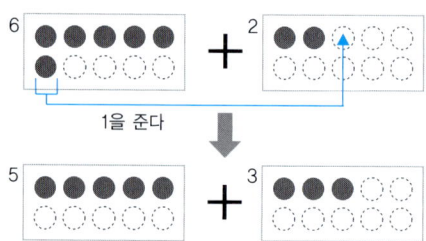

답 8

'5'의 묶음으로 만들어 보세요. 자릿수가 올라가는 계산을 하기 위한 중요한 워밍업 단계입니다.

제2장부터는 드디어 계산이 시작됩니다. 먼저 '10까지의 덧셈'부터 시작하지요. 혹시 이 단계의 덧셈을 우습게 생각하고 있지는 않나요? 하지만 '10까지의 덧셈' 이야말로 수학의 센스를 갈고닦을 최고의 단원인지도 모릅니다.

핵심은 덧셈을 하는 두 숫자 중 큰 쪽의 숫자로 '5'의 묶음을 만드는 것입니다. 그러기 위해서는 '합쳐서 5'가 되는 조합을 다시 한 번 확인하는 것이 좋겠지요. 그러면 칠판을 보기 바랍니다. '4'와 '3'의 덧셈에서는 '4'가 더 큰데, 이 '4'로

대상 학년 : 초등학교 1학년 2-1 덧셈

【아이에게 이렇게 물어보자】 왼쪽의 예제①을 참고로

(1) 4하고 3은 어떤 게 더 클까?

(2) 4는 몇이 더 있으면 5가 될까?

(3) 3에서 4로 1을 주면 3은 몇이 될까?

(4) 5하고 2를 더하면 몇일까?

조언 한마디

예제②의 6+2를 풀 때는
6에서 몇을 가져가면 5가 될까?
1을 2에 주면 몇이 될까? 와 같은
질문으로 바꿔 보세요.

답
(1) 4
(2) 1
(3) 2
(4) 7

'5'의 묶음을 만들려면 '1'이 모자랍니다. 그래서 '3'에서 '1'을 가져오지요. 그러면 '4'는 '1'을 받아서 '5'가 되고, '3'에서는 '2'가 남습니다. 이제 '5'와 '2'를 더해서 '7'이라는 답을 구합니다. 언뜻 보면 귀찮은 과정처럼 생각되지만, 이것은 다음 페이지에서 공부할 '자릿수가 올라가는 덧셈'의 기초가 됩니다. 그러니 시간 여유를 두고 느긋하게 아이와 함께 공부해 주세요.

또 '몇과 몇'에서 공부했지만, '1과 6', '2와 7', '3과 8', '4와 9'는 묶음을 만들기 위한 수가 같은 친구입니다. 계산할 때는 이 '묶음'이라는 개념이 참으로 중요하답니다. 꾸준한 반복 연습으로 몸에 완전히 익히도록 만들어 주세요.

받아올림이 있는 덧셈

[예제] 다음 덧셈을 풀어 봅시다.

① 8 + 3

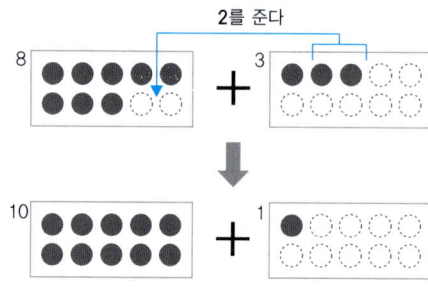

답 11

② 6 + 7

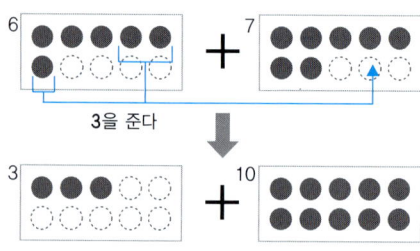

답 13

지도 포인트: '10'의 묶음을 만듭니다.
앞으로 공부할 계산의 기초가 되는 과정입니다.

앞 페이지에서 '5'의 묶음을 만드는 훈련을 충분히 했나요? 그러면 이번에는 받아올림이 있는 덧셈을 풀 때 필요한 '10의 묶음'을 만들어 보도록 하지요.
'1과 9이면 10', '2와 8이면 10', '3과 7이면 10', '4와 6이면 10', ……, '9와 1이면 10'과 같이 '10'이 되는 조합을 확인해 봅니다. 아이가 아직 익숙해지지 못했다면 '10'의 묶음을 참조해 복습을 시켜 주세요.
그러면 칠판 오른쪽을 볼까요? 이 훈련이 앞으로 공부할 계산 문제의 기초가 됩

대상 학년 : 초등학교 1학년   2-1 덧셈

[아이에게 이렇게 물어보자] 왼쪽의 예제①을 참고로

(1) 8하고 3은 어느 게 더 클까?

(2) 8은 몇이 더 있으면 10이 될까?

(3) 3에서 8로 2를 주면 3은 몇이 될까?

(4) 10하고 1을 더하면 몇일까?

조언 한마디

'합쳐서 10'이 되는 조합을 숙지하고 있는지 확인한 다음에 이 방법으로 풀어 보도록 합니다.

답
(1) 8
(2) 2
(3) 1
(4) 11

니다. 리듬에 맞춰 같은 질문을 반복하는 것이 중요합니다.

만약 이 '받아올림이 있는 덧셈'을 풀면서 답이 '1'씩 어긋나는 일이 자주 생기면 주의해야 합니다. 가령 답이 '12'인데 '13'이라고 대답하거나 '17'을 '16'이라고 대답하는 경우입니다. 하지만 걱정할 필요는 없습니다. 원인이 명확하니까요. 바로 '묶음'을 만드는 훈련이 아직 부족하기 때문입니다. 다시 '5'나 '10'의 묶음을 만드는 연습으로 돌아가 확실히 익히면 해결됩니다.

전에 했던 연습을 다시 하는 것은 창피한 일이 아닙니다. 실수를 그대로 방치하는 것이 더 큰 문제이지요. 부주의로 자꾸 문제를 틀리는 아이가 있다면 그 원인은 바로 여기에 있을지도 모릅니다.

10단위의 덧셈

[예제] 다음 덧셈을 풀어 봅시다.

40+30

● 10원짜리 동전을 사용해 풀어 봅시다

 +

10원짜리 동전이 4개　　10원짜리 동전이 3개

10원짜리 동전이 7개
=
70원

● 손가락으로 '0'을 가려 봅시다

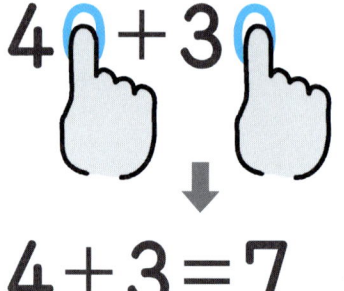

4+3=7

70

가렸던 '0'을 다시 적어 줍니다

답 70

 '0'을 하나씩 손가락으로 가려 봅시다. '백 단위', '천 단위'의 계산도 같은 방법으로 할 수 있습니다.

'4+3'은 '10까지의 덧셈'에서 공부한 바가 있지요.
그러면 '40+30'은 몇이 될까요?
숫자가 커졌기 때문에 아이는 '4+3'과 다른 문제로 생각한답니다. 하지만 이것을 "40원하고 30원을 더하면 얼마일까?"라고 물으면 "70원"이라고 바르게 대답할 수 있는 아이도 많습니다. 10원짜리 동전은 이미 '10의 묶음'이 되어 있으므로 '10의 묶음'이 7개면 70원이라고 답을 구할 수 있는 것이지요.
그렇다면 10원짜리 동전을 생각하지 않

대상 학년 : 초등학교 2학년   2-1 덧셈

[아이에게 이렇게 물어보자] 왼쪽의 예제를 참고로

· 숫자에 0이 몇 개씩 붙어 있을까?

· 손가락으로 0을 가려 보렴.

· 4+3이 되었네.

· 4+3은 몇일까?

· 7 옆에 0을 하나 붙이면 몇이 될까?

조언 한마디

손가락으로 '0'을 가릴 때는
각 숫자마다 같은 개수를 가리도록
주의하기 바랍니다.

고 계산을 하려면 어떻게 해야 할까요? 그럴 때는 손가락으로 '0'을 가리고, 보이는 숫자만 계산하면 된답니다.
'40+30'에서 손가락으로 '0'을 가리고 '4+3'으로 계산합니다. 그리고 마지막에 '0'을 되살려 답을 구합니다. 최종적으로는 '0'을 가리지 않아도 계산할 수 있도록 반복 연습을 시키기 바랍니다.
패턴화된 연습을 반복하는 것은 '규칙성의 발견'으로도 이어집니다. '규칙성의 발견'이 얼마나 중요한지는 앞서도 여러 번 얘기했지요. "우와! 규칙을 찾았어!" 아이가 이런 말을 자연스럽게 할 수 있게 된다면, 이제 엄마가 '훌륭한 수학 선생님'이 되었다는 증거입니다.

덧셈의 계산 〈1〉

[예제] 13원과 72원을 더하면 몇 원이 될까요?

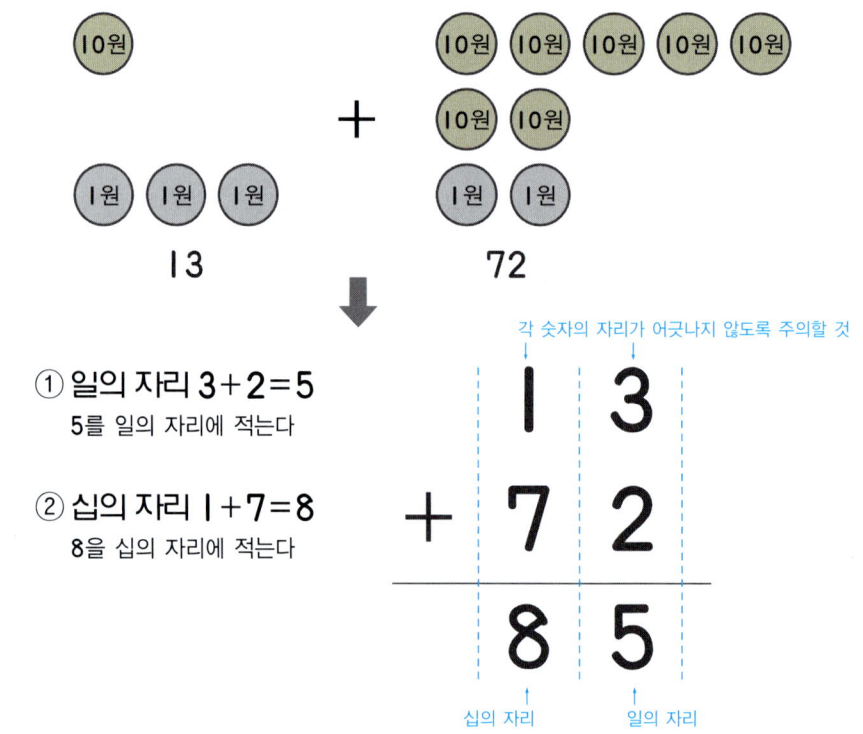

① 일의 자리 3+2=5
5를 일의 자리에 적는다

② 십의 자리 1+7=8
8을 십의 자리에 적는다

답 85원

지도 포인트

식을 적어서 계산을 할 때 중요한 점은 각 자리의 숫자를 세로로 가지런히 맞춰 놓고 계산하는 것입니다.

'13+72=?' 대부분 아이는 이 계산 문제에 바로 대답을 하지 못합니다. 지금까지는 계산할 때 숫자를 가로로 나란히 적어서 풀었지요? 하지만 이런 '가로식'은 숫자가 커지면 계산이 어려워진다는 단점이 있답니다. 그래서 지금부터 가로가 아니라 세로로 정렬해 계산하는 '세로식'을 공부해 보도록 하겠습니다.

'가로식'은 큰 숫자를 계산할 때 편리합니다. 이른바 식을 써서 푸는 방법이지요. 그러면 칠판에 적혀 있는 예제를 이용해 연습해 봅시다.

대상 학년 : 초등학교 2학년

2-1 덧셈

【아이에게 이렇게 물어보자】 왼쪽의 예제를 참고로

(1) 13하고 72의 일의 자리 숫자는 각각 몇일까?
 ※ 3하고 2가 세로로 나란히 적혀 있니?

(2) 13하고 72의 십의 자리 숫자는 각각 몇일까?
 ※ 1하고 7이 세로로 나란히 적혀 있니?

(3) 세로로 나란히 있는 일의 자리 3과 2를 더해 보렴.

(4) 세로로 나란히 있는 십의 자리 1과 7을 더해 보렴.

(5) 13+72는 몇이 될까?

답
(1) 3, 2
(2) 1, 7   (4) 8
(3) 5   (5) 85

가장 중요한 점은 같은 자리의 숫자를 세로로 정렬해 쓰는 것입니다. 네모 칸이 있는 공책을 이용해 식을 쓰면 계산이 쉬워질 것입니다. 가령 각 자리의 숫자가 세로로 정렬되지 않으면 '50원의 5'와 '100원의 1'을 더해 '60원'이 되어 버리는 수도 있답니다.
각 자리의 숫자가 몇인지 꼼꼼히 확인하면서 식을 써야 합니다.

조언 한마디

식을 써서 계산을 할 때, 주의점

· 네모 칸이 쳐 있는 공책을 이용해 또박또박 적을 것.
· 네모 칸에 맞춰 숫자의 자리를 세로로 맞출 것.
· '+'를 잊지 말고 적을 것.
· 답 위의 선은 자를 사용해 그을 것.

덧셈의 계산 〈2〉 (받아올림이 한 번 있는 덧셈)

[예제] 다음 계산을 해 봅시다.

56+28

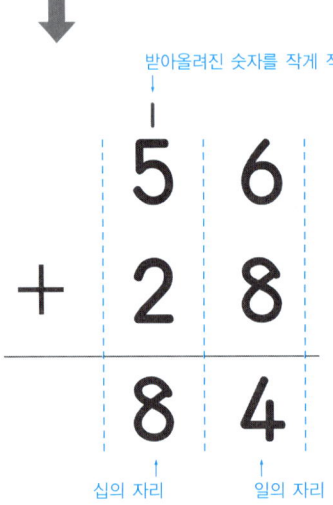

① 일의 자리 6+8=14
14의 '4'를 답의 일의 자리에 적는다
받아올려진 1은 10의 묶음이므로
십의 자리인 5의 위에 1이라고 작게 적는다

② 십의 자리 1+5+2=8
십의 자리의 수 5와 2에 받아올려진
1을 더해 답의 십의 자리에 적는다

답 84

받아올려진 수는 왼쪽 자리의 숫자 위에 작게 써 놓읍시다.

드디어 받아올림이 있는 '덧셈의 계산'을 공부할 시간입니다.

먼저 앞 페이지와 마찬가지로 각 자리의 숫자가 어긋나지 않도록 세로로 정렬해 쓰는 것이 매우 중요합니다. 그러면 칠판에 적혀 있는 예제인 '56+28'을 계산해 볼까요?

두 수의 일의 자리 숫자인 '6'과 '8'을 더하면 '14'가 됩니다. 그런데 각 자리의 방에는 숫자가 하나밖에 들어가지 못하지요. 따라서 일의 자리의 방에는 '4'를 넣습니다. 그러면 '14'의 '1'은 어떻게

대상 학년 : 초등학교 2학년   2-1 덧셈

【아이에게 이렇게 물어보자】 왼쪽의 예제를 참고로

· 일의 자리와 십의 자리가 서로 세로로 줄이 맞는지 확인해 보렴.

· 일의 자리의 수는 6하고 8이지? 둘을 더해 보자.

· 6하고 8을 더하면 14지? 일의 자리의 방에는 숫자가 하나밖에 못 들어가니까 14에서 일의 자리 숫자인 '4'만 써 넣으렴.

· 14에서 십의 자리의 수 '1'은 10이 1개 있다는 뜻이니까 일단 십의 자리의 수인 5 위에 작게 써 놓자.

· 이번에는 십의 자리의 수 5하고 2, 그리고 아까 작게 써 놓은 1을 더해 보렴.

해야 할까요? 이것이 바로 받아올림입니다. '14'의 '1'은 십의 자리입니다. 이것을 십의 자리인 '5' 위에 작게 적습니다. 그리고 작게 쓴 '1'과 다른 십의 자리의 수인 '5', '2'를 더하면 '8'이 되지요. 따라서 답은 '84'가 됩니다.

이처럼 각 자리의 방에는 숫자가 하나밖에 들어가지 못한다는 것을 이해시키기 위해서라도 네모 칸이 쳐 있는 공책을 사용할 것을 권합니다. 네모 칸이 쳐 있는 공책을 이용하면 받아올려진 숫자를 어느 자리 위에 써야 할지 정확히 판단할 수 있습니다.

아이가 '덧셈의 계산'에 익숙해지면 받아올려진 숫자를 생략할 때도 있는데, 항상 적는 습관을 들이도록 지도하기 바랍니다. 정확한 계산을 위해서 되도록 실수를 줄이려는 노력이 필요합니다.

덧셈의 계산 〈3〉 (받아올림이 두 번 이상 있는 덧셈)

[예제] 다음 계산을 해 봅시다.

86+57

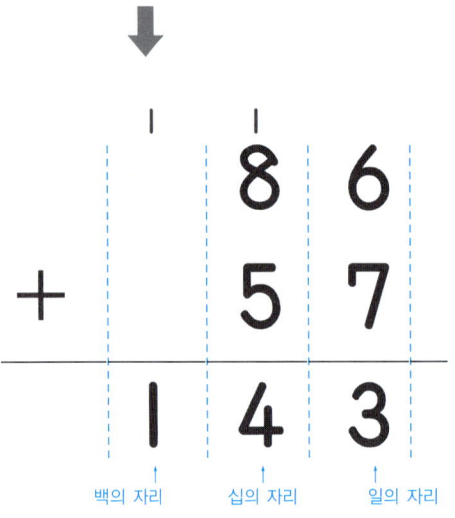

① 일의 자리 6+7=13
   13의 '3'을 답의 일의 자리에 적는다
   받아올려진 1은 10의 묶음이므로
   십의 자리인 8의 위에 적어 놓는다

② 십의 자리 1+8+5=14
   14의 '4'를 답의 십의 자리에 적는다
   받아올려진 1은 100의 묶음이므로
   백의 자리 위에 1이라고 적어 놓는다

③ 백의 자리 1
   받아올려진 1의 아래에 수가 없으므로
   그대로 답의 백의 자리에 1이라고 적는다

답 143

지도 포인트: 받아올림이 있는 계산은 숫자가 커지더라도 같은 과정을 반복합니다.

받아올림이 있는 계산에서 중요한 점은 각 자리의 숫자가 어긋나지 않도록 세로로 정렬하는 것과 받아올려진 숫자를 반드시 적어 놓는 것이었습니다. 또 받아올려진 숫자를 깜빡 잊고 더하지 않는 실수가 없도록 주의해야 합니다. 이제 '받아올림이 두 번 이상인' 계산을 공부하도록 하지요.

여기에서(또 앞으로) 가장 중요한 점은 아이가 어렵다고 생각하지 않도록 이끌어 주는 것입니다. 계산 방법이 똑같아도 숫자가 커지면 아이는 어렵다고 느낄 수 있

대상 학년 : 초등학교 2학년   2-1 덧셈

【아이에게 이렇게 물어보자】 왼쪽의 예제를 참고로

- 일의 자리하고 십의 자리가 세로로 줄이 맞았는지 확인해 보렴.

- 일의 자리의 수는 6하고 7이지? 둘을 더해 보자.

- 6하고 7을 더하면 13이지? 일의 자리의 방에는 숫자가 하나밖에 못 들어가니까 13에서 일의 자리 숫자인 '3'만 써 넣으렴.

- 받아올려진 '1'은 십의 자리의 수인 8 위에 작게 써 놓자.

- 이번에는 십의 자리의 수 8하고 5, 그리고 아까 작게 써 놓은 1을 더해 보렴.

- 14가 됐지? 하지만 자리의 방에는 숫자가 하나밖에 들어가지 못하니까 아까하고 똑같이 14의 '1'은 다음 자리인 백의 자리 위에 적어 놓자.

- 하지만 백의 자리에 숫자가 없네? 그럴 때는 받아올려진 1만 답의 백의 자리에 적으면 된단다.

습니다.

아이가 "이거 너무 어려워."라고 말하면 뭐라고 대답해야 할까요? 그럴 때 "괜찮아, 우리 같이 풀어 보자."라고 대답하면 어떨까요? 엄마가 "그래, 어려운 문제야."라고 인정하면 아이는 그대로 '어려운 문제구나.'라고 받아들이게 됩니다.

또 칠판에 적힌 예제의 경우, "백의 단위에 숫자가 없는데 어떻게 더해?"라고 의문을 품는 아이도 있습니다. 그런데 엄마가 "그런 간단한 것도 몰라?" 하고 핀잔을 주면 아이는 '엄마한테는 간단하겠지만 나는…….'이라고 생각하며 기가 죽을 수도 있습니다. 서두르거나 짜증내지 말고 아이가 이해할 때까지 정성껏 가르쳐 주세요. 이때 "같이 풀어 보자."라고 안심시켜 주는 것이 중요하답니다.

칼럼
어머니! 아이와 같이 공부해 주세요

제가 학원장을 맡고 있는 '맵 교육 센터'의 캐치프레이즈는 '디지털 환경과 손으로 만드는 수업의 융합'입니다. 그렇다면 '손으로 만드는 수업'이란 무엇일까요?

독자 여러분 중에는 컴퓨터에 거부감을 느끼는 분도 있을 것입니다. 하지만 아이들은 금방 컴퓨터를 자연스럽게 다루지요. 이제 시시비비를 논할 때는 지났습니다. 컴퓨터는 있는 것이 당연하고 쓰는 것이 당연한 시대이니까요(물론 악용을 해서는 곤란하겠습니다만).

그런데 실제 수업은 기계가 아닌 살아 있는 사람을 상대합니다. 가르칠 때만큼은 사람과 사람이 진지하게 마주해야 하지요.

'무슨 기분 나쁜 일이 있는 걸까?'

'어디 아픈 것은 아닐까?'

그때그때 상황에 맞춰 아이들을 상대해야 합니다. 저희는 그런 것들을 포함한 사람과 사람의 교제를 '손으로 만드는 수업'이라고 부릅니다. 그러면 이것을 가정에 대입해 생각해 볼까요? 아이를 학원에 보내는 이유 중에는 '아이를 직접 가르치고 싶어도 맞벌이를 하느라 시간이 없다.', '내 능력으로는 아이를 가르칠 수가 없다.' 등이 있습니다. 어쩌면 그것이 사실일지도 모릅니다. 하지만 정말 시간이 없을까요? 아이와 함께하는 공부 시간은 하루에 단 15분~30분이라도 좋습니다. 매일이 아닐지라도 이틀에 한 번, 극단적으로 말하면 일주일에 한 번이라도 상관없습니다. 엄마가 조금만 신경 쓰면 그 정도 시간은 충분히 마련할 수 있을 것입니다. 또 '공부가 어려워서 내가 가르칠 수가 없어.'라고 착각하고 있는 엄마, 꼭 아이를 가르치지 않아도 됩니다. 아이와 함께 공부하는 것 자체에 의미가 있는 것이지요.

이렇게 말하면 꼭 학원 따위는 보낼 필요가 없다는 말처럼 들릴지도 모르겠습니다. 그래도 저는 "어머니, 아이와 함께 공부해 주세요."라고 말합니다. 그리고 이를 돕기 위해 지금까지 이와 같은 책을 출판해 왔습니다. 자, 이제 즉석식품이나 학원에만 의존하지 않는 '손으로 만든 가정'을 실천해 보지 않겠습니까?

2-2 뺄셈

10까지의 뺄셈 72

받아내림이 있는 뺄셈 74

10단위의 뺄셈 76

뺄셈의 계산<1> 78

뺄셈의 계산<2> (받아내림이 한 번 있는 뺄셈) 80

뺄셈의 계산<3> (받아내림이 두 번 이상 있는 뺄셈) 82

10까지의 뺄셈

[예제] 다음 뺄셈을 풀어 봅시다.

7 − 4

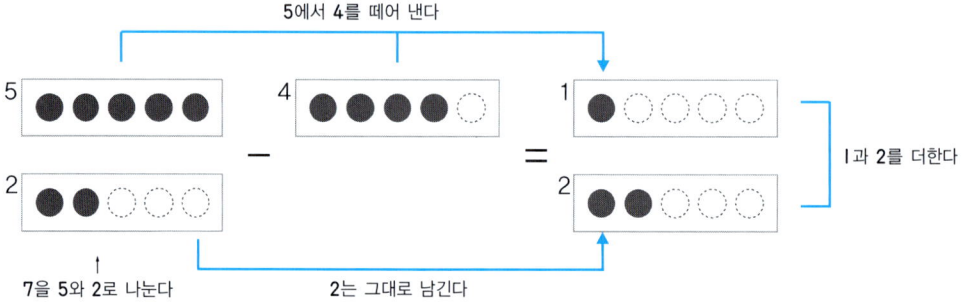

답 3

뺄셈은 '먹었더니 없어졌다.', '줬더니 없어졌다.', '썼더니 없어졌다.' 와 같이 '없어지는' 것입니다.

그러면 이제 '뺄셈' 공부를 시작하도록 하겠습니다.

뺄셈은 '먹었더니 없어졌다.', '줬더니 없어졌다.', '썼더니 없어졌다.' 와 같이 '없어졌다' 라고 생각하는 것입니다. '없어졌다' 고 생각하면 왠지 조금 아쉬운 느낌이 들지요? 그런 감정이 느껴지면 생각보다 기억에 뚜렷하게 남는답니다. 또 앞에서 '받아올림이 있는 덧셈' 을 공부하면서 '10의 묶음' 을 만들기 위해 작은 수에서 큰 수로 모자란 수를 주고 나머지를 더하는 작업을 했지요? 그게 바

[아이에게 이렇게 물어보자] 왼쪽의 예제를 참고로

- 7은 5하고 몇으로 되어 있을까?

- 2에서 4를 뺄 수 있니?

- 5에서 4를 빼면 몇이 남을까?

- 1하고 2를 더하면 몇이 될까?

> **조언 한마디**
>
> 뺄셈에서도 '5'의 묶음, '10'의 묶음이라는 개념을 이용합니다.

로 뺄셈이랍니다. 덧셈을 공부하면서 이미 뺄셈을 경험한 것이지요.
그러면 구체적인 뺄셈 방법을 설명하도록 하지요. 여기에서도 '묶음'이라는 개념을 이용합니다. 칠판에 적혀 있는 예제를 풀어 볼까요? 먼저 '7'을 '5'와 '2'로 나눕니다. 그리고 '2'에서 '4'를 뺄 수 없으니까 '5'에서 '4'를 빼지요. 그러면 '1'이 남습니다. 이제 남아 있는 '2'와 '1'을 더하면 답이 '3'이 되는 것이지요.
여기에서도 '5의 묶음'과 '10의 묶음'이 매우 중요하답니다. 다만 아이에게 이것을 이해시키려면 시간과 끈기가 필요하지요. '구슬'이나 '사탕', '달걀', '연필' 등 일상의 소품을 이용해서 '묶음'이라는 개념을 거듭 훈련해 주세요.

받아내림이 있는 뺄셈

[예제] 다음 뺄셈을 풀어 봅시다.

13 - 8

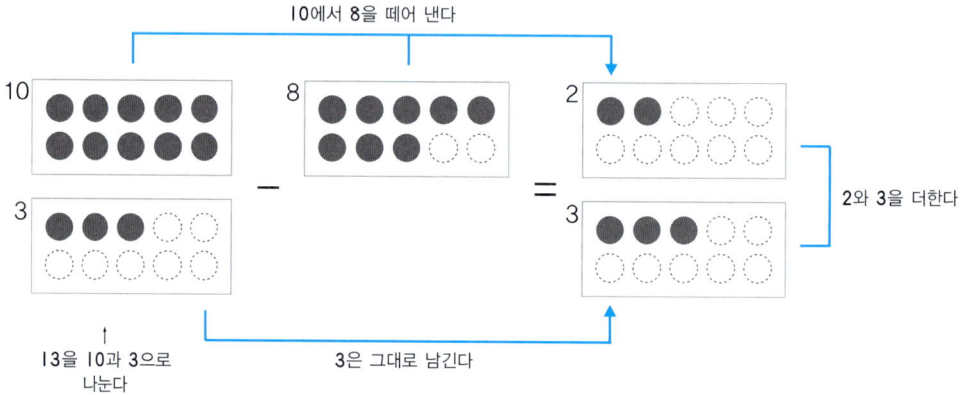

답 5

 **받아내림이 있는 계산을 할 때는 '10에서 뺀 다음 나머지를 더한다.' 가 핵심입니다.**

'받아내림이 있는 뺄셈'을 공부하기 전에 아이가 '합쳐서 10'이 되는 조합을 숙지하고 있는지 다시 한 번 확인해 보기 바랍니다.

받아내림이 있는 계산에서 중요한 점은 '10에서 뺀 다음 나머지를 더한다.' 는 것

입니다. 그러면 칠판에 적혀 있는 예제를 구체적으로 풀어 보지요.

'13'의 일의 자리 수인 '3'에서 '8'을 뺄 수는 없습니다. 그러므로 왼쪽에 있는 십의 자리의 수인 '1', 즉 '10의 묶음'에서 8을 뺍니다. 그러면 '2'가 되지요. 이제

대상 학년 : 초등학교 1학년　　2-2 뺄셈

[아이에게 이렇게 물어보자] 왼쪽의 예제를 참고로

- 13의 일의 자리 수는 3이지? 3에서 8을 뺄 수 있을까?
- 13은 3하고 10으로 되어 있지?
- 10에서 8은 뺄 수 있겠니?
- 10-8은 몇일까?
- 10-8은 2지? 이 2하고 남은 3을 더해 보자.

> **조언 한마디**
>
> 일의 자리에서 뺄셈을 할 수 없을 때는 10에서 빼도록 합시다. 이것이 바로 '받아내림' 입니다.

그 '2'와 남아 있는 일의 자리의 수 '3'을 더하면 답이 '5'가 되는 것이지요. 이렇게 같은 일의 자리의 수끼리 뺄셈을 할 수가 없을 때 왼쪽에 있는 십의 자리의 수 '1'을 '빌려 오는 것'을 '받아내림' 이라고 하지요. 이때, 그 '1'이 단순한 '1'이 아니라 '10의 묶음' 1개임을 아이가 이해할 수 있도록 가르쳐 주세요. 또 '옆에서 빌려 온다.' 라는 생각(방법)을 확실히 이해하지 못하면, 앞으로 공부할 '뺄셈의 계산'에서 아이가 당황할 수 있습니다. 그렇게 되지 않도록 칠판 오른쪽에 있는 질문을 적절히 해 주세요. 그리고 아이가 뺄셈을 확실히 이해했다면 '받아내림이 있는 뺄셈' 문제를 집중적으로 풀어 보도록 지도해 주세요.

10단위의 뺄셈

[예제] 다음 뺄셈을 풀어 봅시다.

80−20

● 10원짜리 동전을 이용해 생각해 봅시다

10원짜리 동전이 8개   10원짜리 동전이 2개

10원짜리 동전이 6개
=
60원

답 60

● 손가락으로 '0'을 가려 봅시다

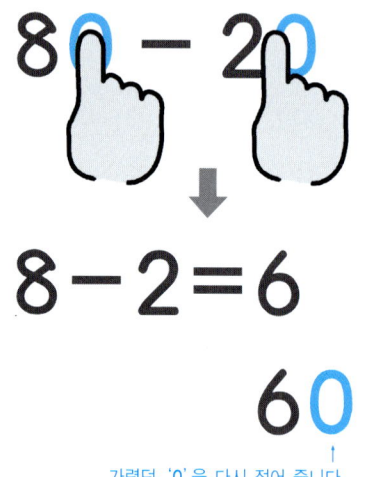

$8 - 2 = 6$

60

가렸던 '0'을 다시 적어 줍니다

지도 포인트   10단위의 덧셈 때와 마찬가지로 손가락으로 '0'을 하나씩 가려 주세요.

'10단위의 덧셈'을 다시 한 번 떠올려 보기 바랍니다. 손가락으로 '0'을 가린 다음에 계산했지요? 이번에도 기본적인 방법은 같습니다. 하지만 여기서 중요한 점은 아이에게 "똑같은 방법으로 풀면 된단다."라고 가르쳐 주면 안 된다는 것입니다. 그러면 아이는 엄마 말만 듣고 스스로 생각하지 않고 이 항목을 건너뛸 수도 있습니다. 스스로 발견한 것은 아무리 사소한 것이라도 기억에서 사라지지 않는 법입니다. 아이가 스스로 예측해서 깨달을 수 있도록 도와주세요.

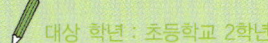 

2-2 뺄셈

【아이에게 이렇게 물어보자】 왼쪽의 예제를 참고로

- 숫자에 0이 몇 개씩 붙어 있을까?
- 손가락으로 0을 가려 보렴.
- 8-2가 되었네?
- 8-2는 몇일까?
- 6 옆에 0을 하나 붙이면 몇이 될까?

조언 한마디

손가락으로 '0'을 가릴 때는 각 숫자마다 같은 개수를 가리도록 주의해 주세요.

처음에는 "먼저 50+30을 계산하면 어떻게 될까?"라고 물어서 '80'이 '50'과 '30'을 더한 값임을 인식시킵니다.
그러고 나서 "그럼 이제 80-20도 풀 수 있겠니?"라고 계산을 유도하는 방법도 좋겠지요.
만약 손가락으로 '0'을 가리고 계산하는 방법을 엄마가 가르쳐 주지 않으면 아이는 스스로 다른 방법을 찾아낼 수도 있습니다. 그러니 "이 계산은 이렇게 푸는 거란다."라고 말하며 단정적으로 가르치지 않도록 주의해 주세요.

뺄셈의 계산 〈1〉

[예제] 65원을 가지고 있습니다. 과자를 사려고 42원을 썼다면 돈은 얼마가 남았을까요?

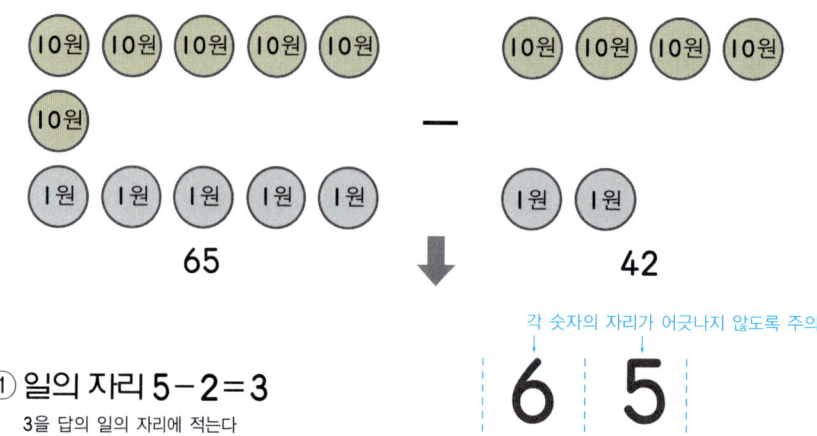

① 일의 자리 5−2=3
   3을 답의 일의 자리에 적는다

② 십의 자리 6−4=2
   2를 답의 십의 자리에 적는다

각 숫자의 자리가 어긋나지 않도록 주의할 것

십의 자리   일의 자리

답 23원

지도 포인트: 덧셈과 마찬가지로 각 자리의 숫자가 어긋나지 않도록 세로로 정렬해 쓰는 것이 중요합니다.

'덧셈'과 마찬가지로 '뺄셈'의 계산에서도 중요한 점은 각 자리의 숫자가 어긋나지 않도록 세로로 정렬해 쓰는 것입니다. 또 각 자리를 맞출 때 숫자를 하나하나 확인하는 것도 중요합니다. 계산 문제의 수가 커지면 각 자리의 숫자를 확인하지 않아 서로 다른 자리의 수를 한 줄로 맞춰 버리는 실수를 저지르기도 하지요. 칠판 오른쪽에 있는 **[아이에게 이렇게 물어보자]**를 참고해 아이가 계산 방법과 순서를 확실히 익히도록 지도하기 바랍니다.

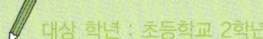 

2-2 뺄셈

【아이에게 이렇게 물어보자】 왼쪽의 예제를 참고로

(1) 65와 42의 일의 자리 숫자는 몇일까?
  ※ 5하고 2가 세로로 가지런히 줄이 맞았니?

(2) 65와 42의 십의 자리 숫자는 몇일까?
  ※ 6하고 4가 세로로 가지런히 줄이 맞았니?

(3) 일의 자리의 수는 5하고 2였지? 5에서 2를 빼 보렴.

(4) 십의 자리의 수는 6하고 4였지? 6에서 4를 빼 보렴.

(5) 65-42는 몇이 될까?

> **조언 한마디**
>
> '덧셈의 계산⟨1⟩'에 나와 있는 주의사항을 한 번 더 확인하기 바랍니다. 뺄셈의 계산도 규칙은 같답니다.

답
(1) 5, 2
(2) 6, 4
(3) 3
(4) 2
(5) 23

아이에 따라서는 계산 방법을 설명해 주지 않아도 잘 푸는 아이도 있고, 한 번 설명에 다 이해한 것처럼 생각하는 아이도 있습니다. 하지만 안심해서는 안 됩니다. 이해하는 것과 실제로 풀 수 있는 것에는 큰 차이가 있기 때문입니다. '숫자를 똑바로 정렬하지 못한다.', '다른 자리의 숫자끼리 정렬한다.'와 같은 실수가 있을 수 있습니다. 어른에게 간단하다고 해서 아이도 정확히 할 수 있는 것은 아니지요. 반대로, 너무 익숙해지면 '이런 계산은 너무 쉬워.'라며 집중하지 않고 문제를 풀게 됩니다.

시험에서 문제를 틀리는 것은 대부분 단순히 자리를 잘못 맞추어 풀었기 때문입니다. 그러면 아무리 이해를 잘 했더라도 틀릴 수가 있지요.

뺄셈의 계산 〈2〉 (받아내림이 한 번 있는 뺄셈)

[예제] 다음 계산을 해 봅시다.

61 − 7

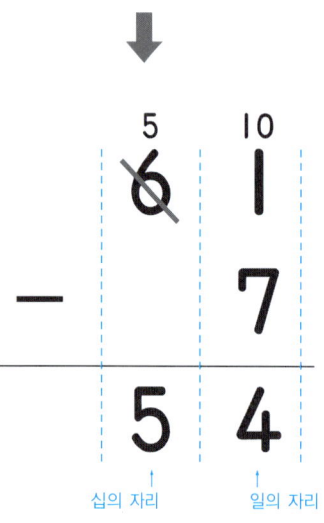

① 1에서 7을 뺄 수는 없다
↓
② 십의 자리인 6에서 1, 즉 10을 빌려 온다
  (일의 자리인 1 위에 작게 10이라고 쓴다)
  (십의 자리인 6에 빗금을 그어 지우고 위에 작게 5라고 쓴다)
↓
③ 빌려 온 10에서 7을 뺀다
  10−7=3
↓
④ 3에 남아 있는 1을 더한다
  3+1=4 (일의 자리에 적는다)
↓
⑤ 십의 자리는 5가 되었으므로 그대로 아래로 내려
  십의 자리에 적는다

답 54

지도 포인트

옆의 자리에서 빌린 '1'은 사실 '10'입니다.
그리고 빌린 자리에서는 1을 빼서 적어 놓습니다.

받아내림이 있는 문제를 풀 때는 반드시 일의 자리부터 계산해야 합니다. 앞 페이지의 '뺄셈의 계산〈1〉'에 나오는 예제처럼 받아내림이 없는 문제는 어느 자리부터 계산해도 답이 변하지 않습니다. 하지만 칠판에 적혀 있는 예제처럼 받아내림이 있을 때는 일의 자리부터 계산해야 하지요. 그러므로 문제를 풀 때는 항상 일의 자리부터 계산하는 습관을 들이도록 지도하기 바랍니다.

칠판에 있는 예제에서는 먼저 일의 자리를 계산합니다. '1'에서 '7'을 뺄 수는

2-2 뺄셈

【아이에게 이렇게 물어보자】 왼쪽의 예제를 참고로

· 1에서 7을 뺄 수 있을까?

· 십의 자리에 있는 6에서 1을 빌려 오면 어떻겠니?
  이 1은 '10'을 1개 빌렸다는 뜻이란다.

· 빌려 온 10을 1 위에 작게 써 놓으렴.
  그리고 십의 자리에서 1을 빌렸으니까 6에 빗금을 긋고
  그 위에 작게 5라고 쓰렴.

· 먼저 빌려 온 10에서 7을 빼렴.

· 아직 1이 남아 있지? 둘을 더하면 몇이 될까?

· 이제 아까 6 위에 작게 써 놓은 5를 그대로 아래로 내리면 된단다.

없으니 왼쪽 자리, 즉 십의 자리의 수인 '6'에서 '1'을 빌려 옵니다. 이 '1'은 '10'을 1개 빌린 것'입니다. 따라서 일의 자리의 수 '1' 위에 '10'이라고 적습니다. 이 '10'에서 '7'을 빼면 '3'이 되지요. 그리고 그 '3'에 남아 있는 '1'을 더하면 '4'가 됩니다.
여기에서 주의할 점은 빌려 온 '10'에 일의 자리의 수 '1'을 더해 '11'로 만든 다음 '7'을 빼는 것입니다. 이 방법으로 풀면 실수할 가능성이 커집니다. 또, 십의 자리의 수 '6'에 빗금을 쳐서 지우고 그 위에 '5'라고 작게 쓰는 것도 잊지 말아 주세요.
간단한 작업이지만 반복해서 몸에 익히도록 해야 합니다.

뺄셈의 계산 〈3〉 (받아내림이 두 번 이상 있는 뺄셈)

[예제] 다음 계산을 해 봅시다.

$$364 - 85$$

⬇

① 일의 자리를 구한다
10-5=5
5+4=9

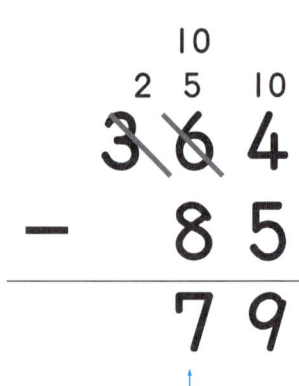

② 십의 자리를 구한다
10-8=2
2+5=7

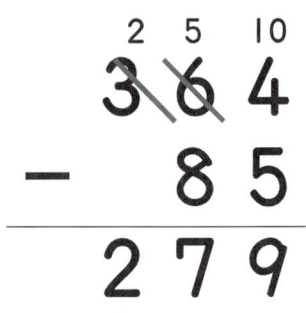

③ 백의 자리를 구한다
2를 그대로 아래로 내린다

답 279

옆의 자리에서 수를 빌릴 때는 어떤 자리든 '10'을 빌리게 됩니다.

'받아내림이 한 번 있는 문제'와 똑같지요. 또 자릿수가 어긋나지 않도록 숫자를 정렬해야 한다는 것, 빌려 온 숫자를 작게 적는다는 것을 이번에도 확인하기 바랍니다.

방법은 같더라도 답에 이르는 과정이 길수록 아이는 어렵게 느낍니다. 마치 완전히 다른 문제를 푸는 것처럼 생각할 때도 있지요. "똑같은 문제인데 왜 못 푸니? 전에는 풀었잖아?"

이런 말은 아이에게 상처를 준답니다. 여하튼 여기에서 중요한 점은 어떤 자리

대상 학년 : 초등학교 3학년   2-2 뺄셈

【아이에게 이렇게 물어보자】 왼쪽의 예제를 참고로

- 일의 자리의 수는 4하고 5지? 그런데 4에서 5를 뺄 수 있을까?
- 옆에 있는 십의 자리에서 1을 빌려서 4 위에 작게 10이라고 써 놓으렴. 6을 빗금으로 지우고 위에 작게 5라고 쓰는 것도 잊지 말아야 한단다.
- 10-5는 몇일까?
- 5+4는 몇일까?
- 십의 자리의 수는 5하고 8이 되었지? 5에서 8을 뺄 수 있을까?
- 이것도 일의 자리와 똑같단다. 옆에 있는 백의 자리에서 1을 빌려서 5 위에 작게 10이라고 써 놓으렴. 3을 빗금으로 지우고 위에 작게 2라고 쓰는 것도 잊지 말아야겠지?
- 10-8은 몇일까?
- 2+5는 몇일까?
- 백의 자리에 있는 3은 2가 되었지? 2는 그대로 아래로 내리면 된단다.

든 옆에서 빌려 온 수는 '10'이라는 것입니다. 칠판에 적혀 있는 예제와 같이 백의 자리 '3'에서 '1'을 빌려 왔을 때, 그 '1'은 '100'을 뜻하지만 문제를 풀 때는 '10'이라고 작게 적고 계산해야 하지요. 계산을 정확히 하려면 '옆에서 수를 빌려 왔을 때는 작게 10이라고 적는다.'는 것을 명심해야 합니다.
이 과정이 습관으로 굳을 수 있도록 끈기 있게 지도해 주세요.
지금까지 공부한 '덧셈'과 '뺄셈'은 '곱셈'과 '나눗셈'의 계산에도 응용되므로 꾸준한 공부가 필요합니다.

칼럼

귀찮음은 상상력의 부족과 동의어입니다

문제를 내겠습니다. "정삼각형이 어떤 모양인지 상상할 수 있나요?"(아마 금방 머리에 떠오를 것입니다)

"그러면 정사면체는 어떤 모양일까요?"(조금 혼란스럽지는 않은가요?)

정답은 정삼각형이 4개 있는 입체입니다. 옛날에 나온(요즘도 있더군요) 모 우유 회사의 삼각형 커피 우유와 같은 모양이지요. 머릿속에 떠올리지 못한 사람은 어쩌면 상상력이 부족한 것일지도 모릅니다.

요즘은 이렇게 상상력이 빈곤한 아이가 참으로 많습니다. 그리고 무엇이든 귀찮아하는 아이도 많이 볼 수 있게 되었지요. 그런 아이들은 "귀찮아, 귀찮아."를 입에 달고 삽니다.

이 두 가지는 사실 깊은 관계가 있습니다. 그렇다면 원인은 무엇일까요? 세상이 편리해졌기 때문입니다.

쉬운 예로 '목욕탕'이 있겠군요. 옛날에는 목욕을 하려면 여러 가지 과정이 필요했습니다. 그런데 지금은 거의 모든 과정이 자동으로 이루어집니다. 물만 틀면 따뜻한 욕조 안에 들어갈 수가 있지요. 덕분에 일상생활에서 사람들이 머리를 쓸 일이 없어졌고, 그 때문에 사람들은 생각하는 것 자체를 귀찮아하게 되었습니다.

뿐만 아니라 요즘 아이들의 필수품인 텔레비전 게임도 마찬가지입니다. 제어기를 조작하면 다양한 각도에서 입체 영상이 나와 이동이 가능합니다. 하지만 잘 생각해 보십시오. 게임을 하는 주체인 본인은 움직이지 않습니다. 저 뒤에 무엇이 있을까? 차가운 것이 있을까, 뜨거운 것이 있을까? 혹시 나를 아프게 하는 것이 있진 않을까? 이런 상상을 하지 않아도 나아갈 수 있는 것이지요. 텔레비전 게임이 무조건 나쁘다는 것은 아니지만, 아이들의 상상력에는 그다지 도움을 주지는 못한다고 생각됩니다.

2-3 덧셈, 뺄셈의 연구

'0'의 덧셈과 뺄셈	86
세 수를 더하는 셈	88
덧셈법의 궁리	90
암산을 하는 법	92

$$23+18+54$$
$$59+23+41$$

$$\begin{array}{r} 23 \\ 18 \\ +\ 54 \\ \hline 95 \end{array}$$

'O'의 덧셈과 뺄셈

【예제】 다음 계산을 해 봅시다.

① **3-3**

전부 없어진다 → 하나도 없다

답 0

② **6+0**

0을 더한다 → 하나도 늘어나지 않는다

답 6

③ **4-0**

0을 뺀다 → 하나도 줄어들지 않는다

답 4

조언 한마디

'0'은 하나도 없다는 뜻입니다.
'0'은 더해도 늘어나지 않으며 빼도 줄어들지 않습니다.

지도 포인트 '0'은 더해도 늘어나지 않고 빼도 줄어들지 않는 수입니다.

'0'은 하나도 없는 것입니다.
어른의 머릿속에는 이미 '0'이라는 숫자가 '아무것도 없는 것'이라는 감각이 자리를 잡았지요. 하지만 아이들은 '0'을 감각으로는 이해해도 막상 계산에 '0'이 나오면 혼란해하기도 합니다. 먼저 "사탕이 세 개 있는데 그중에서 세 개를 먹으면 남은 사탕은 몇 개일까?"와 같은 질문부터 시작해 주세요. 실제로 사탕이나 과자를 이용해도 좋습니다.
여기에서 중요한 점은 아이가 '0을 더한다.', '0을 뺀다.' 라는 표현에 혼란해하

대상 학년 : 초등학교 1학년   2-3 덧셈, 뺄셈의 연구

【아이에게 이렇게 물어보자】 왼쪽의 예제를 참고로

· 0은 무슨 뜻일까?

(왼쪽의 예제②를 참고로)

· 6에 0을 더하면 몇이 될까?
· 분명히 더했는데 왜 수가 늘어나지 않을까?
· 0은 하나도 없다는 뜻이기 때문이란다.

(왼쪽의 예제③을 참고로)

· 4에서 0을 빼면 몇이 될까?
· 분명히 뺐는데 왜 수가 줄어들지 않았을까?
· 0은 하나도 없다는 뜻이기 때문이란다.

지 않도록 하는 것입니다. 아이가 혼란에 빠지는 이유는 덧셈과 뺄셈을 반복하는 과정에서
'더한다' = 늘어난다
'뺀다' = 줄어든다
라는 감각이 생기기 때문입니다. 그래서 '0을 더한다.', '0을 뺀다.' 와 같은 표현을 접하면 '더하니까 답은 늘어나겠지.', '빼니까 줄어들겠지.' 라고 생각해 버리는 것이지요.
'0을 더해도 '하나도 늘어나지 않는다.'
'0을 빼도 '하나도 줄어들지 않는다.'
는 사실을 여러 가지 실례를 들어 가며 설명해 주세요.
"올해 받은 세뱃돈은 0원이었지?"
아이가 일상생활에서 '0'의 의미를 체험할 수 있도록 엄마가 아이디어를 내기 바랍니다.

세 수를 더하는 셈

【예제】 다음 계산을 해 봅시다.

① $3+8+4$
$=11+4$
$=15$ 답 15

② $23+18+54$

```
  2 3
  1 8
+ 5 4
─────
  9 5
```
답 95

조언 한마디

예제①은 덧셈을 두 번 하면 답을 구할 수 있습니다. 또 예제②와 같이 숫자가 커지면 식을 써서 풀어 봅시다. 다만 이때는 받아올림에 주의해야 합니다.

지도 포인트 세 수의 덧셈은 덧셈을 두 번 하면 답을 구할 수 있습니다. 이때 더하는 순서를 바꿔도 답은 똑같습니다.

'세 수의 덧셈'을 푸는 법은 기본적으로 지금까지 풀어 본 덧셈과 똑같습니다. 칠판에 적혀 있는 예제①과 같이 가로로 전개된 식은 지금까지 공부했던 방법으로 두 번 덧셈을 하면 답을 구할 수 있지요. 또 예제②는 숫자가 커서 바로 계산하기는 어려우니 식을 이용해서 '세로로 세 숫자를 정렬해' 계산하면 답을 얻을 수 있답니다.

덧셈은 더하는 순서를 바꿔도 답이 달라지지 않습니다. 가령 예제①의 '3+8+4'를 '3+4+8' 이나 '8+3+4'로 바꿔서 계

대상 학년 : 초등학교 2학년   2-3 덧셈, 뺄셈의 연구

【아이에게 이렇게 물어보자】

(왼쪽의 예제①을 참고로)

· 3+8은 몇일까?

· 11+4는 몇일까?

(왼쪽의 예제②를 참고로)

· 23+18+54는 몇일까?

· 숫자가 커서 계산하기 힘들지? 그럴 때는 식을 써 보면 어떨까?

· 일의 자리 수는 3하고 8하고 4지? 3+8+4는 몇일까?

· 다음 자리에 1이 올라간다는 걸 잊지 말고 적어 놓으렴.

· 받아올려진 1을 포함해서 십의 자리를 더해 보자.

· 1+2+1+5는 몇일까?

산시켜 순서가 달라져도 답은 같다는 것을 아이가 스스로 발견하도록 유도해 주세요. 이것도 어른에게는 당연한 일이지만 아이에게는 놀라운 발견이랍니다. 계산을 마치고 "엄마, 신기하게 순서를 바꿔도 답이 같아."라고 말한다면, 아이가 그 사실을 이해했다는 증거입니다.
그러면 문제를 하나 내 보겠습니다. '6+8+4' 는 몇일까요?

물론 앞에서부터 순서대로 덧셈을 두 번 하면 답이 나오지요. 하지만 조금만 머리를 써 볼까요? 먼저 제일 앞에 있는 '6' 과 제일 뒤에 있는 '4' 를 더하면 '10의 묶음' 이 생깁니다. 순서를 바꿔서 계산하면 이와 같이 계산이 편한 묶음을 만들 수도 있는 것이지요. 이렇게 조금만 머리를 쓰면 정확하면서도 빠르게 계산할 수 있답니다.

덧셈법의 궁리

[예제] 다음 계산을 해 보자.

$$59+23+41$$

① $59+23+41$

$=82+41$

$=123$ 답 123

① 덧셈, 뺄셈은 원칙적으로 왼쪽부터 순서대로 계산한다
$59+23=82$
$82+41=123$

② $59+23+41$ (9와 1을 더하면 10이 된다, 숫자의 순서를 바꾼다)

$=59+41+23$

$=100+23$

$=123$ 답 123

② 덧셈만 계산할 때는 어디부터 계산을 해도 답은 똑같다
- 59와 41의 일의 자리 수에 주목
- 9와 1을 더하면 10이 된다
- 더해서 10이 되는 조합이 있으면 그 두 수를 먼저 더한다

$59+41=100$
$100+23=123$

지도 포인트

덧셈만 있는 계산은 어떤 순서로 더해도 답이 달라지지 않습니다. 각각의 일의 자리를 더했을 때 '10'이 되는 조합이 없는지 주목하세요!

앞 페이지의 후반 부분에서 '10의 묶음'을 먼저 만든 다음에 계산하는 방법을 잠시 다뤘지요? 이번에는 좀 더 자세히 설명하겠습니다.

먼저 칠판에 적혀 있는 예제①을 봐 주세요. '59+23+41'을 어떻게 계산하겠습니까? ①과 같은 방법으로 답을 구하려고 하지는 않았나요? 물론 그것이 잘못되었다는 말은 절대 아닙니다. 오히려 규칙대로 올바르게 계산을 한 것이지요. 그러면

대상 학년 : 초등학교 2학년   2-3 덧셈, 뺄셈의 연구

[아이에게 이렇게 물어보자] 왼쪽의 예제를 참고로

· 59+23+41은 왼쪽부터 순서대로 계산하니까 답이 123이 되었지?
  그런데 좀 더 쉽게 계산할 수 있는 방법은 없을까? 한번 생각해 보렴.

· 각 수의 1의 자리를 주의 깊게 보렴.

· 9하고 3하고 1이지?

· 뭔가 생각나는 게 없니?

· 9하고 1을 더하면 10의 묶음이 되지?

· 그러면 59+41을 먼저 계산해 보렴.

· 100이 되었지?

· 이제 남은 23하고 100을 더해 보자.

· 역시 123이 나왔네. 왼쪽부터 순서대로 계산했을 때하고 똑같지?

· 덧셈만 계산할 때는 일의 자리가 0이 되는 조합을 찾아서 계산하면
  쉽게 풀 수 있단다.

이번에는 예제②처럼 조합을 바꿔서 계산해 볼까요? 먼저 각 수의 일의 자리에 주목하기 바랍니다. 그러면 '59'의 일의 자리인 '9'와 '41'의 일의 자리인 '1'을 더하면 '10'이 된다는 사실을 깨닫게 될 겁니다. 즉 '59'와 '41'을 더하면 '100이라는 묶음'이 되는 것이지요.
각 수의 일의 자리에 주목해 묶음을 만들 수 있는 조합을 먼저 계산합니다. 그리고 나머지를 더합니다. 이렇게 조금만 머리를 쓰면 덧셈을 더 쉽게 계산할 수 있습니다.
계산에 들어가기 전에 이런 묶음을 찾아내는 습관을 들이면 수학이 더욱 즐거워집니다.

암산을 하는 법

[예제] 다음 계산을 암산으로 풀어 봅시다.

$$78+46$$

```
  78        46
70+8      40+6        ← 각 자리의 수를 분리한다

    8+6=14            ← 일의 자리를 계산한다
    7+4=110           ← 십의 자리를 계산한다      원래는 70+40이지만
                                                 7+4를 계산한 다음에
                                                 '0'을 붙인다
  14+110=124          ← 마지막으로 두 수를 더한다

         4+0=4  ← 일의 자리에 적는다
         1+1=2  ← 십의 자리에 적는다
         1      ← 백의 자리에 적는다
         ↓
         124
```

답 **124**

각 자리의 수를 분리해서 계산해 보세요.
분리하는 방법은 여러 가지가 있습니다.

암산하는 방법은 사람마다 여러 가지가 있습니다. 머릿속에서 식을 만드는 사람도 있고, 주산이 특기인 사람은 머릿속에 주판을 떠올리며 암산한다고 합니다. 여기에서는 쉽게 암산하는 방법을 궁리해 보겠습니다.

칠판에 적혀 있는 예제를 보기 바랍니다. 먼저 '78'과 '46'을 일의 자리와 십의 자리 숫자로 각각 나눠서 '8과 6', '7과 4'로 만듭니다. 이제 서로 같은 자리의 수끼리 더하면,
일의 자리 '8+6=14'

대상 학년 : 초등학교 2학년   2-3 덧셈, 뺄셈의 연구

[아이에게 이렇게 물어보자] 왼쪽의 예제를 참고로

· 우리 덧셈을 암산으로 해 볼까?

· 78하고 46을 십의 자리하고 일의 자리 숫자로 나눠 보렴.

· '7하고 8', '4하고 6'이 됐지?

· 십의 자리하고 일의 자리끼리 더해 보렴.
  '7하고 4', '8하고 6'을 더하면 되겠지?

· 11하고 14가 됐네?

· 7+4는 원래 십의 자리니까 사실은 70+40이란다.
  그러니까 11에 'O'을 붙여 줘야겠지?

· 110하고 14를 더하면 몇이 될까?

십의 자리 '7+4=11'

이 되지요. 여기에서 주의할 점이 있습니다. 십의 자리를 더한 숫자 '11'이 사실은 '11'이 아닌 '110'임을 아이에게 정확히 이해시켜 줘야 한다는 것이지요.
그리고 마지막으로 '110'과 '14'를 더합니다. 그러면 답은 '124'가 되지요. 이렇게 각 자리의 숫자를 나누면 굳이 종이와 연필을 써서 식을 쓰지 않아도 계산할 수 있답니다.
그밖에도 '46'을 '40'과 '6'으로 나눠서 '78'과 '40'을 먼저 더하고 그 답인 '118'에 '6'을 더해서 '124'를 구하는 방법도 있습니다. 또 '46'을 '44'와 '2'로 나눠서 '78'과 '2'를 더해 '80'이라는 묶음을 먼저 만드는 방법도 있지요.
아이와 함께 여러 가지 계산 방법을 궁리해 보고 그 방법을 써서 풀어 보세요.

제3장 곱셈, 나눗셈

3-1   곱셈 95

3-2   나눗셈 113

● 칼럼
집짓기 놀이나 블록 쌓기, 기지 만들기 놀이로 상상력을 키워 봅시다 112

3-1 곱셈

구구단 96

곱셈의 의미 98

'0'의 곱셈 100

'0'이 많이 있는 곱셈 102

곱셈의 계산<1> (두 자리×한 자리, 세 자리×한 자리) 104

곱셈의 계산<2> (세 자리×두 자리) 106

곱셈의 계산<3> (0이 들어가는 곱셈) 108

곱셈의 암산 110

구구단

	1	2	3	4	5
1	1×1=1 일일은 일	2×1=2 이일은 이	3×1=3 삼일은 삼	4×1=4 사일은 사	5×1=5 오일은 오
2	1×2=2 일이는 이	2×2=4 이이 사	3×2=6 삼이 육	4×2=8 사이 팔	5×2=10 오이 십
3	1×3=3 일삼은 삼	2×3=6 이삼 육	3×3=9 삼삼 구	4×3=12 사삼 십이	5×3=15 오삼 십오
4	1×4=4 일사는 사	2×4=8 이사 팔	3×4=12 삼사 십이	4×4=16 사사 십육	5×4=20 오사 이십
5	1×5=5 일오는 오	2×5=10 이오 십	3×5=15 삼오 십오	4×5=20 사오 이십	5×5=25 오오 이십오
6	1×6=6 일륙은 육	2×6=12 이륙 십이	3×6=18 삼륙 십팔	4×6=24 사륙 이십사	5×6=30 오륙 삼십
7	1×7=7 일칠은 칠	2×7=14 이칠 십사	3×7=21 삼칠 이십일	4×7=28 사칠 이십팔	5×7=35 오칠 삼십오
8	1×8=8 일팔은 팔	2×8=16 이팔 십육	3×8=24 삼팔 이십사	4×8=32 사팔 삼십이	5×8=40 오팔 사십
9	1×9=9 일구는 구	2×9=18 이구 십팔	3×9=27 삼구 이십칠	4×9=36 사구 삼십육	5×9=45 오구 사십오

지도 포인트

**구구단은 리듬이 중요합니다.
노래를 부르듯이 소리 내서 부르세요.**

'구구단'은 초등학교 2학년 때 배웁니다. 그렇다면 초등학교 2학년이 되기 전까지는 필요 없는 내용일까요? 아니요, 그렇지 않습니다. 오히려 말을 익히기 시작할 무렵부터 노래를 부른다는 느낌으로 익히게 해도 좋을 것입니다.

구구단은 공부라는 개념으로 책상 앞에 앉아 외우는 것이 아닙니다. 그러므로 유년기부터 조금씩 가르치는 것도 매우 좋은 방법입니다. 처음에는 아이에게 '구구단'을 들려주는 것부터 시작해 보세요. 엄마가 아이와 같이 목욕을 하면서

대상 학년 : 초등학교 2학년 3-1 곱셈

	6	7	8	9
1	6×1=6 육일은 육	7×1=7 칠일은 칠	8×1=8 팔일은 팔	9×1=9 구일은 구
2	6×2=12 육이 십이	7×2=14 칠이 십사	8×2=16 팔이 십육	9×2=18 구이 십팔
3	6×3=18 육삼 십팔	7×3=21 칠삼 이십일	8×3=24 팔삼 이십사	9×3=27 구삼 이십칠
4	6×4=24 육사 이십사	7×4=28 칠사 이십팔	8×4=32 팔사 삼십이	9×4=36 구사 삼십육
5	6×5=30 육오 삼십	7×5=35 칠오 삼십오	8×5=40 팔오 사십	9×5=45 구오 사십오
6	6×6=36 육륙 삼십육	7×6=42 칠륙 사십이	8×6=48 팔륙 사십팔	9×6=54 구륙 오십사
7	6×7=42 육칠 사십이	7×7=49 칠칠 사십구	8×7=56 팔칠 오십육	9×7=63 구칠 육십삼
8	6×8=48 육팔 사십팔	7×8=56 칠팔 오십육	8×8=64 팔팔 육십사	9×8=72 구팔 칠십이
9	6×9=54 육구 오십사	7×9=63 칠구 육십삼	8×9=72 팔구 칠십이	9×9=81 구구 팔십일

구구단을 불러 주거나 자장가 대신 들려 주는 것도 괜찮겠지요. 어쨌든 아이가 어머니와 함께 귀(소리)를 통해 구구단을 외우는 것이 중요하답니다.

이를 위해 엄마는 아이가 즐겁게 구구단을 외울 수 있는 방법을 궁리해 주세요. '말은 쉽지만, 즐겁게 공부한다는 게 간단한 일이 아니라…….' 라고 걱정하는 사람도 많겠지요. 하지만 엄마가 다시 한 번 구구단을 공부한다는 생각으로 임하면 됩니다. 먼저 '1단'부터 조금씩 엄마와 아이가 같이 소리를 내어 시작해 보면 어떨까요? 익숙해지면 "이 단은 몇 초에 다 부를 수 있을까?"라며 시간을 재어 보는 것도 효과적인 방법이지요. 이렇게 꾸준히 노력하다 보면 결국에는 아이가 구구단을 막히지 않고 말할 수 있게 될 것입니다.

곱셈의 의미

【예제】 접시에 사탕이 2개씩 담겨 있습니다. 접시가 다섯 장 있다면 사탕의 개수는 모두 몇 개일까요?

$$2 + 2 + 2 + 2 + 2 = 10$$

이것을 말로 표현하면 '2가 5개'
이와 같이 '○○이(가) □□개' 라고 표현할 수 있을 때 곱셈을 이용합니다.

1장(1접시)에 담긴 사탕의 수   접시의 수

$$2 \times 5 = 10$$
  이   오   십

답 10개

지도 포인트   '○○이(가) □□개' 라고 표현할 수 있을 때는 곱셈을 사용합니다. 같은 수의 덧셈을 하나로 묶은 것이 곱셈입니다.

구구단을 정확히 외울 수 있게 되었다면 곱셈의 의미를 생각해 보도록 하지요. 칠판에 적혀 있는 예제를 보기 바랍니다. '2×5' 는 '2가 5개 있다.' 라는 말입니다. '○○이(가)' 는 1개(한 접시)분의 수이고, '□□개' 는 그것이 몇 개 있느냐

는 의미이지요. '○○이(가) □□개' 라고 나오면 곱셈을 이용합니다. 그리고 곱셈은 덧셈을 간단하게 하는 편리한 방법임을 아이에게 가르쳐 주세요. 초등학교 저학년이나 미취학 아동에게 의미나 원리를 이해시키는 것이 결코 쉬운 일이 아

대상 학년 : 초등학교 2학년 3-1 곱셈

【아이에게 이렇게 물어보자】 왼쪽의 예제를 참고로

- 사탕이 접시 다섯 장에 두 개씩 담겨 있네. 사탕이 모두 몇 개 있을까?
- 덧셈으로 하면 '2+2+2+2+2'이니까 10이지?
- 이걸 말로 하면 "2가 5개 있다."고 한단다. 이럴 때는 곱셈을 이용하면 더 쉬워.
- 2를 다섯 번 더한다는 걸 2×5라고 나타낸단다.
- "이오 십." 들어 본 기억이 있지 않니?
- $2 \times 5 = 10$을 "이오 십."이라고 한단다.
- 이제 쉽게 답을 구할 수 있지?

니기는 합니다만……

가령 칠판 오른쪽의 질문처럼 사탕의 수를 쉽게 세는 데 구구단(곱셈)이 도움이 된다는 것을 가르쳐 주세요. 곱셈의 의미를 의식하면서 연습하는 경우도 당연히 있지만, 기본적으로 구구단은 귀로 들으며 자연스럽게 외우게 되지요. 또 그것이 일상생활에서 사물의 수를 나타낼 때 이용된다고 가르쳐 주는(발견하도록 도와주는) 것도 중요합니다.

아이들의 머릿속에는 다양한 지식이 들어갑니다. 하지만 그런 각각의 지식이 서로 연결되기까지는 시간이 걸리지요. 그것을 잘 연결시키도록 돕는 것이 엄마의 역할이기도 합니다. 이 책의 조언과 '엄마의 지혜'로 아이의 지식을 연결시켜 주세요.

'0'의 곱셈

【예제】 아래의 표적에 화살을 5발 쐈습니다. 그 결과,

10점에 …… 0발
7점에 …… 2발
5점에 …… 1발
2점에 …… 1발
0점에 …… 1발

이 되었습니다. 득점은 몇 점일까요?

10점에 …… 0발 → '10이 0개'   10×0=0
7점에 …… 2발 → '7이 2개'   7×2=14
5점에 …… 1발 → '5가 1개'   5×1=5
2점에 …… 1발 → '2개 1개'   2×1=2
0점에 …… 1발 → '0이 1개'   0×1=0

$$0+14+5+2+0=21$$

답 21점

지도 포인트　'0'에는 무엇을 곱해도 '0'입니다. 어떤 수에 '0'을 곱하면 '0'이 됩니다.

'0'의 덧셈, 뺄셈에서 '0'은 '아무것도 없다.', '1개도 없다.'라는 것을 배웠습니다. 곱셈에서도 마찬가지입니다. '0'은 아무것도 없다는 뜻이지요.
가령 '학급에서 원하는 아이에게 사탕을 2개씩 나눠 주기로 했습니다. 그런데 원하는 아이가 아무도 없었습니다. 사탕은 모두 몇 개가 필요할까요?'라는 문제를 생각해 보지요. 답은 '0'입니다. 이것을 곱셈식으로 나타내면 2×0이 되지요. 즉 2가 1개도 없다는 말입니다. 이처럼 어떤 수에 '0'을 곱하면 결과는 '0'입니다.

대상 학년 : 초등학교 3학년   3-1 곱셈

【아이에게 이렇게 물어보자】 왼쪽의 예제를 참고로

· 10점에는 몇 발이 맞았을까?

· 10점 부분의 점수는 몇 점이 될까?

· 10점에 0발이라는 것은 '10이 0개'라는 뜻이지?
  이것을 식으로 바꾸면 '10×0'이 된단다.

· 10×0=0이니까 10점 부분의 점수는 0점이란다.

> **조언 한마디**
>
> 0은 '아무 것도 없다.', '1개도 없다.' 라는 뜻이므로,
> □×0=0 → □이 '1개도 없다.'
> 0×□=0 → '1개도 없는' 것이 □개가 되므로
> 결국 답은 '1개도 없다.', 즉 '0'이 됩니다.

'0'에 어떤 수를 곱해도 답은 반드시 '0'이지요.

이에 대해 아이들이 자주 하는 질문이 "0에 엄청나게 큰 수를 곱해도 0이 돼?"라는 것입니다. 그럴 때는 계산기를 가져와서 적당히 큰 수를 입력해 주세요. 그리고 마지막으로 '0'을 곱합니다. 그러면 아이도 이해할 것입니다.

'0은 아무 것도 없는 것.' 이것은 '0'의 덧셈, 뺄셈과 마찬가지입니다. 하지만 덧셈, 뺄셈에서는 '0'을 더하거나 빼도 답이 '0'이 되지는 않았지요. 이 '덧셈, 뺄셈'과 '곱셈'의 차이를 아이가 확실히 구별하도록 지도해야 합니다.

3+0=3이지만 3×0=0
5-0=5이지만 5×0=0

이렇게 나열하면 덧셈, 뺄셈과 곱셈의 차이가 확실히 드러날 것입니다.

'O'이 많이 있는 곱셈

[예제] 다음 계산을 해 봅시다.

① 3×10

3×10=30
3×1=3

답 30

② 3×100

3×100=300
3×1=3

답 300

③ 30×500

30×500=15000
3×5=15

답 15000

지도 포인트 'O'을 감추고 계산해 보세요.
덧셈일 때와 규칙이 다르니 주의해 주세요.

10단위의 덧셈, 10단위의 뺄셈과 마찬가지로 'O'을 가리고 계산합니다.
예제①에서는 10의 'O'을 손가락으로 가리고 3×1을 계산합니다. 그런 다음 그 답인 3에 아까 손가락으로 가렸던 'O'을 붙이면 30이 되지요. 마찬가지로 예제②는 손가락으로 가린 'O'이 2개이므로 'O'을 2개 붙이면 정답인 300이 나옵니다. 예제③은 'O'을 3개 가렸으니까 15에 'O'을 3개 붙인 15000이 답이지요.
즉 'O'이 많이 있는 곱셈은 손가락으로 'O'을 가리고 계산한 다음에 그 답에 가

대상 학년 : 초등학교 3학년   **3-1 곱셈**

【아이에게 이렇게 물어보자】 왼쪽의 예제를 참고로

· 3×10은 구구단에 없지? 그러면 어떻게 계산해야 할까?

· 10에서 '0'을 가려서 3×1로 만들어 보렴.

· 3×1=3(삼일은 삼)이지?

· 이제 3에 0을 붙여 보렴. 그러면 답은 30이 되지?

· 3×100은 0을 2개 가려서 3×1로 만든 다음에 3×1=3에 0을 2개 붙여 주면 300이 된단다.

> **조언 한마디**
> '0'이 많이 있는 곱셈은
> '0'을 감추고 계산한 다음에
> 이렇게 해서 나온 답에 감췄던
> '0'을 붙여 주면 답이 됩니다.

렸던 '0'을 붙여 주면 되는 것입니다. 그러면 10단위의 덧셈, 뺄셈과 무엇이 다른지 확인해 보지요. 30+40은 '70'입니다. 80-20은 '60'이지요. 하지만 30×40은 '1200'이고 80×20은 '1600'이 된답니다.

그리고 또 하나,
10을 곱하는 것을 '10배 한다.'
100을 곱하는 것을 '100배 한다.'
1000을 곱하는 것을 '1000배 한다.'
고 합니다.

'곱한다'와 '배'는 같은 곱셈이지만 표현하는 방법이 다릅니다. 그런데 아이들은 '3배를 한다.'가 '3을 곱한다.'로 이어지지 않을 때가 많답니다. 표현이 조금 달라졌을 뿐인데 아이들은 완전히 다른 것처럼 느끼는 것이지요.

곱셈의 계산 ⟨1⟩ (두 자리 × 한 자리, 세 자리 × 한 자리)

[예제] 다음 계산을 해 봅시다.

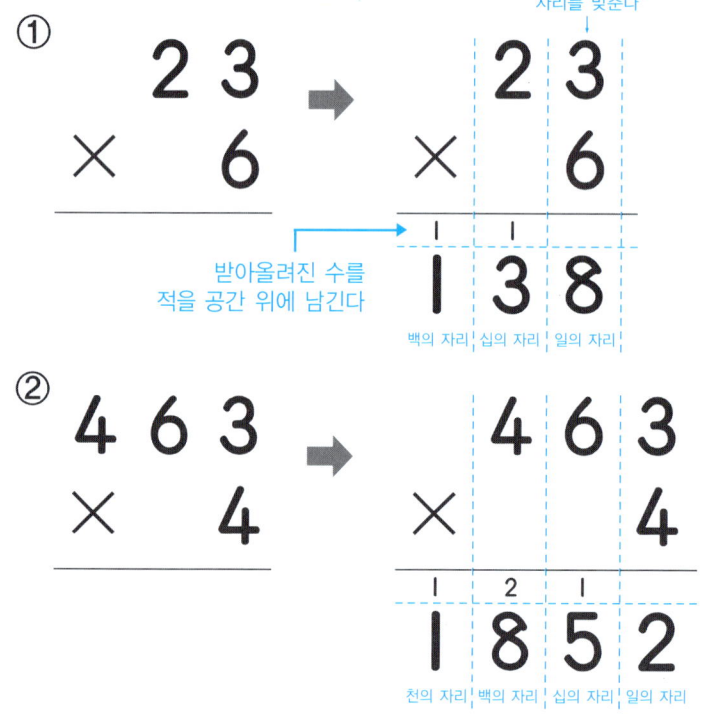

① 3×6=18
8→일의 자리에 적는다
1→십의 자리의 받아올림을 표시할
   공간에 적는다

② 2×6=12
2→받아올려진 수 1을 더한다
   2+1=3→십의 자리에 적는다
1→백의 자리에 적는다

답 138

① 3×4=12
2→일의 자리에 적는다
1→십의 자리의 받아올림을 표시할
   공간에 적는다

② 6×4=24
4→받아올려진 수 1을 더한다
   4+1=5→십의 자리에 적는다
2→백의 자리의 받아올림을 표시할
   공간에 적는다

③ 4×4=16
6→받아올려진 수 2를 더한다
   6+2=8→백의 자리에 적는다
1→천의 자리에 적는다

답 1852

 **지도 포인트** 곱셈의 계산에 익숙해지기 전까지는 받아올림을 적을 공간을 만들어 주세요.

'덧셈'과 '곱셈'의 계산을 할 때 중요한 점은 각 자리의 숫자가 어긋나지 않도록 세로로 정렬하는 것이었습니다.

네모 칸이 쳐 있는 공책을 이용해서 정성스러운 글씨로 계산을 하면 숫자의 크기가 들쭉날쭉하거나 대각선으로 기울어지는 것을 예방하고 실수를 줄일 수 있다고 말했습니다.

이번에 공부할 '곱셈의 계산'도 기본은 덧셈이나 뺄셈의 계산과 똑같습니다. 두 숫자를 세로로 늘어놓고 오른쪽으로 정렬한 다음 계산하면 되지요. 하지만 덧셈

대상 학년 : 초등학교 4학년   3-1 곱셈

【아이에게 이렇게 물어보자】 왼쪽의 예제①을 참고로

· 3×6은 몇일까?

· 3×6=18(삼육 십팔)이지? 그럼 18이 되겠네.

· 이제 일의 자리에 8이라고 쓰자. 1은 십의 자리 위에 작게 써 놓으렴.

· 2×6은 몇일까?

· 2×6=12(이육 십이)니까 12가 되겠네.

· 아까 일의 자리에서 1이 올라왔지?
그 1하고 2를 더한 3을 십의 자리에 적어 넣으렴.
그리고 또 1이 올라가니까 그 1은 백의 자리 위에 작게 써 놓으렴.

· 이제 계산이 끝났으니까 받아올려진 1을 그냥 아래로 내려서
백의 자리에 적어 넣으렴.

과 뺄셈의 계산과 크게 다른 점이 있습니다. 받아올려진 숫자를 제일 위에 적는 것이 아니라 답과 세로선 사이에 공간을 마련해 그곳에 쓴다는 것입니다. 칠판에 적혀 있는 예제를 풀면서 확인하기 바랍니다.

이 공간은 공책에 처음부터 마련되어 있지 않습니다. 자신이 직접 만들어야 하지요. 처음에는 아이가 이 공간을 어떻게 이용하는지 엄마가 주의 깊게 살펴 주세요. 아이가 원활하면서도 쉽게 공부할 수 있는 환경을 만들어 주는 것이 엄마의 역할입니다.

공부를 시작하기 전에 공책을 사용하는 법이나 선을 긋는 법, 연필을 쥐는 법 등 아이가 기분 좋게 공부할 수 있는 환경을 만들어 주세요. 그러면 아이의 학습 의욕이 향상될 것입니다.

곱셈의 계산 〈2〉 (세 자리 × 두 자리)

[예제] 다음 계산을 해 봅시다.

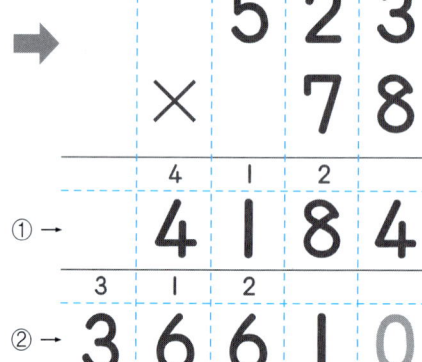

① 523×8=4184
앞 페이지를 참고해 푼다

② 523×7=3661
원래는 523×70=36610이므로 3661을 쓸 때는 왼쪽으로 한 자리를 띄어야 한다

③ 4184+36610=40794

답 40794

자주 하는 실수

숫자를 쓰는 자리가 잘못됐다 →

조언 한마디
왼쪽 식은 3661을 적는 위치가 잘못되었습니다. 주의해 주세요.

지도 포인트
'자리를 띄운다.', '사실은 0이 들어간다.'
이것은 숫자의 자리를 맞춰 쓴다는 의미입니다.

칠판에 적혀 있는 예제인 523×78을 풀어 보지요. 기본적으로는 앞 페이지의 계산 방법과 같지만, 아래의 숫자 '78'이 두 자릿수입니다. 이것을 어떻게 풀어야 할까요?

먼저 '78'을 70과 8로 나눠서 523×70과 523×8로 만들어 계산해 보지요. 523×8은 앞 페이지에서 공부한 풀이 방법으로 계산해 보기 바랍니다. 그러면 '4184'를 구할 수 있습니다. 만약 틀렸다면 앞 페이지를 다시 한 번 복습하기 바랍니다.

대상 학년 : 초등학교 4학년   3-1 곱셈

【아이에게 이렇게 물어보자】 왼쪽의 예제를 참고로

· 먼저 523×8을 풀어 보자. 받아올림에 주의하렴.

· 4184가 되었지?

· 이번에는 523×7을 풀어 보렴.

· 3661이 되었네.

· 그런데 이번에 계산한 523×7에서 7은 원래 '70'이란다.
그래서 4184+3661이 아니라 4184+36610이니까
523×7의 답을 쓸 때는 왼쪽으로 한 칸을 띄고 적어야 한단다.

다음에는 523×70을 계산하는데, '70'의 '0'을 감추면 523×7이 됩니다. 앞 페이지의 풀이 방법으로 계산하면 '3661'을 구할 수 있지요. 이제 감췄던 '0'을 붙이면 '36610'을 구할 수 있습니다. 그리고 '4184'와 '36610'을 더하면 정답이 '40794'가 나오지요.
이와 같이 곱하는 수가 두 자릿수일 때는 중간식이 2단이 되지요.

이때 2단째 숫자는 '왼쪽으로 한 칸 띄어서 적는다.'는 것에 주의해 주세요. 아이들은 칠판 왼쪽 아래와 같은 실수를 자주 합니다. 2단째도 오른쪽에 붙여서 적어 버리는 것이지요.
이제부터 아이들은 '점점 수학이 어려워진다.'고 느끼기 시작합니다. 이와 함께 엄마의 확인과 지도도 레벨 업이 필요합니다.

곱셈의 계산 〈3〉 (0이 들어가는 곱셈)

[예제] 다음 계산을 해 봅시다.

①
```
    4 5 6
  × 8 7 0
```

①-1
```
    4 5 6
  × 8 7 0
    0 0 0
  3 1 9 2
3 6 4 8
3 9 6 7 2 0
```

①-2
```
      4 5 6
    × 8 7 0
    3 1 9 2 0
  3 6 4 8
  3 9 6 7 2 0
```

870의 '0'을 아래로 내린다
↓
456×7의 답 3192를 0의 왼쪽에 적는다
↓
456×8의 답 3648을 곱한 수 '8'의 아래부터 적기 시작한다

답 396720

곱셈식에 '0'이 들어갔을 때는 푸는 법을 궁리해야 합니다. '0'의 위치에 주의하세요.

이번에는 곱하는 수에 '0'이 들어갔을 때의 계산 방법을 공부해 보겠습니다. 먼저 칠판에 적혀 있는 예제①을 보기 바랍니다. 456×870의 경우, 870에 '0'이 있습니다. '0'의 곱셈에서도 배웠듯이, 아무리 큰 수라도 '0'을 곱하면 답은 '0'

이 됩니다. 그러므로 '0'의 계산은 하지 않아도 됩니다. 그러면 구체적으로 설명하겠습니다.
예제①은 일의 자리에 '0'이 있기 때문에 456×0이 됩니다. 이것을 ①-1처럼 굳이 1단째에 '000'이라고 적을 필요는

3-1 곱셈

대상 학년 : 초등학교 4학년

②
```
    9 8 7
  ×  5 0 7
```

➡ ②-1
```
      9 8 7
    ×  5 0 7
      6 9 0 9
      0 0 0
    4 9 3 5
    5 0 0 4 0 9
```

➡ ②-2
```
      9 8 7
    ×  5 0 7
      6 9 0 9
    4 9 3 5
    5 0 0 4 0 9
```

987×7의 답 6909를 곱한 수 '7'의 아래부터 적는다
↓
987×0은 계산하지 않는다
↓
987×5의 답 4935는 곱한 수 '5'의 아래부터 적기 시작한다

답 500409

없습니다. 그러므로 ①-2와 같이 1단째의 오른쪽 끝에 '0'을 내리고 다음 계산인 456×7의 답 3192를 '0'의 왼쪽에 적으면 됩니다.

다음에는 예제②와 같이 십의 자리에 '0'이 있을 경우입니다. 먼저 987×7을 계산해 그 답인 6909를 곱한 수 '7'의 아래부터 적기 시작합니다. 다음 계산은 987×0=0인데, ②-1처럼 2단째에 '000'이라고 쓸 필요는 없습니다. 그러므로 다음 계산인 987×5의 답 4935를 곱한 수 '5'의 아래부터 적기 시작하면 됩니다.

여기에서 핵심은 곱하는 수의 자리 아래부터 적기 시작하는 것입니다.

곱셈의 암산

[예제] 다음 계산을 암산으로 풀어 보자.

① 76×4

조언 한마디
암산을 하다가 받아올림이 나오면 손가락을 이용합니다.

6×4를 계산한다

$76 \times 4 = $ ✌ 4 (24, 2)
2를 더한다

7×4를 계산한다

$76 \times 4 = 304$ (28 → 28+2=30)

76을 70과 6으로 나눈다 →
$6 \times 4 = 24$
$70 \times 4 = 280$
$24 + 280 = 304$

답 304

지도 포인트: 받아올려진 수를 손가락으로 표시해 둡니다.
익숙해지면 손가락을 쓰지 않고 계산하도록 합니다.

여기에서 암산은 계산을 생각하는 것입니다. 즉 종이에 식을 쓰거나 계산기를 이용하지 않고 머릿속에서 생각만으로 계산을 할 수 있게 되는 것입니다.
그러면 칠판에 적혀 있는 예제를 살펴보도록 하지요. 먼저 6×4의 답인 24의 십의 자리 수 '2'를 손가락으로 표시합니다. 그리고 7×4를 계산해 그 답인 '28'에 손가락으로 표시해 놓았던 '2'를 더해 '30'을 구합니다. 따라서 답은 '304'가 되지요.
여기에서 중요한 점은 받아올려지는 수,

대상 학년 : 초등학교 4학년   3-1 곱셈

【아이에게 이렇게 물어보자】 왼쪽의 예제를 참고로

· 76×4를 암산으로 풀어 보자. 4×6은 몇일까?

· 24지?

· 그러니까 일의 자리의 답은 4야.
  받아올려지는 수 2를 손가락으로 표시하고 있으렴.

· 4×7은 얼마일까?

· 28이 되지?

· 이제 손가락을 보렴. 아까 받아올려지는 수가 2였지?

· 28에 2를 더해 보자.

· 30이 되었네. 이것은 백의 자리의 십의 자리가 3하고 0이라는 뜻이란다.

· 일의 자리는 4니까 답은 304가 되는구나.

여기에서는 6×4의 답인 24의 십의 자리 수 '2'를 손가락으로 표시해 놓는 것입니다. 손가락을 이용해 계산하는 것은 결코 부끄러운 일이 아닙니다. 계산을 쉽게 하는 방법의 첫걸음일 뿐입니다. 그렇게 거듭 훈련을 해서 손가락을 쓰지 않고 계산할 수 있게 되면 그만인 것입니다.
※ '25×12'를 바로 계산할 수 있을까요? 아마도 아이들은 식을 써서 하겠지요. 엄마도 암산에 조금 시간이 걸렸을지도……. 아이들에게 암산은 간단한 일이 아닙니다. 하지만 제1장에서 공부한 '묶음'이라는 개념을 잘 이용하면 좋은 계산 방법 (암산)을 발견해 낼 수 있을 것입니다.

※ 25×12의 해답의 예 $25 \times 12 = 25 \times 4 \times 3$
$= 100 \times 3$
$= 300$

칼럼

집짓기 놀이나 블록 쌓기, 기지 만들기 놀이로 상상력을 키워 봅시다

84페이지에서 텔레비전 게임이 아이들의 상상력에는 그다지 도움이 되지 않는다고 말했습니다만, 이를 상상력과 연결시키는 방법을 소개하겠습니다. 그러면 먼저 '집짓기 놀이'나 '블록 쌓기'를 떠올려 보기 바랍니다. 어릴 때는 블록을 가지고 무작정 높이 쌓아 올리거나 높이를 맞춰서 옆으로 쌓아 나가는 놀이를 자주 합니다. 하지만 초등학교에 들어가면 예상 외로 그런 놀이를 안 하게 되지요. 이 '집짓기 놀이'나 '블록 쌓기'를 텔레비전 게임과 관련시키면 아이들의 상상력을 키우는 데 도움이 된답니다.

아이들이 좋아하는 텔레비전 게임의 장면을 실제로 재현해 보도록 하는 것입니다. 블록뿐만 아니라 가정에 있는 도구를 이용해도 좋습니다. 빈 상자도 좋고, 나무젓가락이나 컵, 접시 등 무엇이든 상관없습니다. 저학년에게는 상당히 효과적인 방법이지요. 완성된 작품은 자신이 직접 움직이거나 작품을 움직이지 않으면 뒷면을 볼 수가 없습니다.

좀 더 규모를 키운다면 2층 침대나 벽장을 이용해도 좋을 것입니다(이것은 주택 환경에 따라 다르겠습니다만……). 조금 과장을 보태면 촬영 세트라고도 할 수 있지요. 또 '소꿉놀이'도 마찬가지입니다. 이런 놀이는 입체 감각과 상상력을 키우는 데 안성맞춤이지요.

여기에서 한 걸음 더 나아가자면 실제로 입체적인 물건을 도화지 등을 이용해 만들어 보는 것도 좋습니다. 입체적인 공작을 할 때는 전개도를 그려야만 하지요. 아이가 이 전개도를 그릴 수 있다면 충분한 상상력이 있다는 증거입니다.

아, 그러고 보니 어렸을 때 하늘에 떠 있는 구름을 보며 무슨 모양과 닮았는지 말하는 놀이도 자주 했지요? 똑같은 것을 보는데도 사람에 따라 생각이 완전히 다르지요.

아이는 스스로 생각하고 움직임으로써 경험과 체험을 쌓아 나갑니다. 원래 아이의 상상력과 가능성은 무한대입니다. 보고, 만지고, 만드는 등 아이가 인생을 통해 여러 가지 도전을 계속해 나가도록 도와주기 바랍니다.

슬프게도 어른들은 경험과 체험이 쌓이면서 점점 상상력과 가능성을 잃어 갑니다만…….

3-2 나눗셈

나눗셈의 의미 ·· 114

구구단으로 할 수 있는 나눗셈 ································ 116

나머지가 있는 나눗셈 ·· 118

'0'이 많이 있는 나눗셈 ·· 120

나눗셈의 계산<1>
(두 자리÷한 자리, 몫이 한 자릿수에 나머지가 없는 나눗셈) ········· 122

나눗셈의 계산<2>
(두 자리÷한 자리, 몫이 한 자릿수에 나머지가 있는 나눗셈) ········· 124

나눗셈의 계산<3>
(두 자리÷한 자리, 몫이 두 자릿수에 나머지가 없는 나눗셈) ········· 126

나눗셈의 계산<4>
(두 자리÷한 자리, 몫이 두 자릿수에 나머지가 있는 나눗셈) ········· 128

나눗셈의 계산<5>
(세 자리÷두 자리, 몫이 두 자릿수에 나머지가 있는 나눗셈) ········· 130

나눗셈의 계산<6>
(계산식을 생략) ·· 132

나눗셈의 계산<7>
(답의 도중에 '0'이 들어가는 나눗셈) ····························· 134

나눗셈의 계산<8>
('0'이 많이 나오는 계산) ··· 136

나눗셈의 의미

[예제] 사탕 12개를 4명이 나누면 한 명이 몇 개씩 갖게 될까요?

$$12 \div 4 = 3$$

1개씩 나눠 가지면……

12−4=8 아직 8개가 남는다

2개씩 나눠 가지면……

12−8=4 아직 4개가 남는다

3개씩 나눠 가지면……

12−12=0 전부 나눠 가졌다

조언 한마디
전체의 수를 똑같이 나누는 계산을 '나눗셈'이라고 합니다.

답 3개

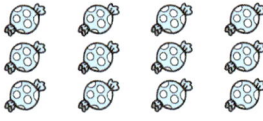

지도 포인트
'똑같이 나눌' 때는 '나눗셈'.
나눗셈은 '전체의 수를 똑같이 나누는' 계산입니다.

지금부터는 '나눗셈' 공부에 들어가겠습니다.

칠판에 적혀 있는 예제는 '사탕 12개를 4명이 나누면 한 명은 몇 개씩 가지게 될까요?' 입니다. 처음에는 칠판의 설명처럼 한 개씩 나눠 가지는 방법이 좋을 것입니다. 그러면 뒤에서 공부하게 될 '나머지가 있는 나눗셈'을 쉽게 이해할 수 있게 되지요.

1개씩 나눠 가지면 나머지가 8개.
2개씩 나눠 가지면 나머지가 4개.
3개씩 나눠 가지면 남는 사탕이 없어지

대상 학년 : 초등학교 3학년   3-2 나눗셈

【아이에게 이렇게 물어보자】 왼쪽의 예제를 참고로

· 사탕 12개를 4명이 나누면 한 명은 몇 개씩 가지게 될까?

· 1개씩 나눠 가지면 몇 개가 남을까?

· 8개가 남지?

· 2개씩 나눠 가지면 몇 개가 남을까?

· 4개가 남지?

· 3개씩 나눠 가지면 몇 개가 남을까?

· 남김없이 모두 나눠졌네? 한 사람 앞에 3개씩 가질 수 있구나.

므로 3개씩 나눌 수 있습니다. 즉 '1명당 3개씩'이 됨을 알 수 있지요. 나눗셈이란 이처럼 '전체의 수를 똑같이 나누는' 계산입니다. '똑같이 나눌' 때는 '나눗셈'을 이용한다는 감각을 아이에게 이해시키는 것이 가장 중요한 핵심입니다.

가령 카드놀이를 할 때도 '나눗셈'을 체험할 수 있지요. "52장을 4명이 나누면 한 명이 몇 장씩 가질까? 힌트를 줄게. 각 마크의 수를 생각해 보렴." 놀이 도중에 이런 질문을 던지면 '나눗셈'의 의미를 자연스럽게 이해할 수 있게 됩니다.

아, 그리고 '나눗셈'과 '곱셈'은 별개의 것이라고 생각하기 쉬운데, 사실은 매우 밀접한 관련이 있답니다. 그 점을 염두에 두면서 '구구단'을 재확인하고 다음 페이지의 '구구단으로 할 수 있는 나눗셈'으로 들어가 봅시다.

구구단으로 할 수 있는 나눗셈

[예제] 카드가 24장 있습니다. 6장씩 나누면 몇 명이 받을 수 있을까요?

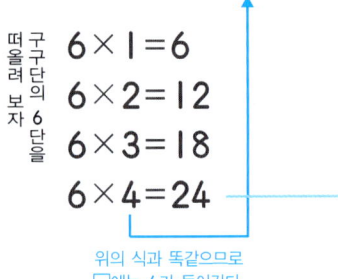

위의 예제를 바꿔 쓰면
6장씩 ☐명에게 나눠 주면 24장

$$6 \times \boxed{} = 24$$

구구단의 6단을 떠올려 보자

$6 \times 1 = 6$
$6 \times 2 = 12$
$6 \times 3 = 18$
$6 \times 4 = 24$

위의 식과 똑같으므로 ☐에는 4가 들어간다

- 나눗셈은 곱셈으로 바꿀 수 있다

(전체의 수) ÷ (1인분) = (인원수)
=
(1인분) × (인원수) = (전체의 수)

○ ÷ △ = ☐
=
△ × ☐ = ○

답 4명

나눗셈의 기본은 (전체의 수)÷(1인분)=(인원수)입니다.
그리고 풀 때는 (1인분)×(인원수)=(전체의 수)로 바꿉니다.

이번에도 '나눗셈' 문제를 풀어 보도록 하겠습니다. 칠판에 적혀 있는 예제를 보기 바랍니다.

'카드가 24장 있습니다. 6장씩 나누면 몇 명이 받을 수 있을까요?'

앞 페이지에서 했듯이 6장씩 한 명 한 명에게 나눠 주면 4명이 나눠 받게 됨을 알 수 있습니다. 하지만 이것을 수학 문제로 풀 때 일일이 카드를 나눠 주면서 세어 볼 수는 없겠지요? 그래서 곱셈인 '구구단'을 이용하는 것입니다.

이 문제를 나눗셈으로 나타내면,

대상 학년 : 초등학교 3학년   3-2 나눗셈

【아이에게 이렇게 물어보자】 왼쪽의 예제를 참고로

· 카드가 24장이 있는데 6장씩 나눠 주면 몇 명이 나눠 가질 수 있을까?
· 이건 24÷6으로 풀 수 있단다.
· 그러면 이걸 살짝 바꿔서 생각해 보자. 몇 명에게 6장씩 나눠 주면 24장이 될까?
· 구구단 6단을 떠올려 보렴.
· 6×4=24니까 4명에게 나눠 줄 수 있겠지?
· 나눗셈을 풀 때는 (1인분)×(인원수)=(전체의 수)로 바꿔서 생각하면 된단다.

조언 한마디

처음 나눗셈을 풀 때는 문제를
(1인분)×(인원수)=(전체의 수)라는
곱셈으로 바꿔서
구구단을 이용해 풀어 보세요.

(전체의 수)÷(1인분)=(인원수)
가 됩니다. 하지만 이것을 풀 때는,
(1인분)×(인원수)=(전체의 수)
로 바꿔서 생각하는 것이지요.
24÷6=? → 6×?=24
즉 구구단의 6단을 떠올리기만 하면 되는 것입니다.
앞 페이지에서도 다뤘듯이, 곱셈과 나눗셈은 매우 깊은 관계가 있답니다.

○÷△=□인 나눗셈의 식은,
△×□=○인 곱셈의 식으로
바꿀 수가 있지요.
이렇듯 구구단을 정확히 외우고 있으면 나눗셈을 이해하는 데도 도움이 됩니다. 아이가 구구단을 완전히 외웠는지 확인한 뒤에 다음 페이지로 넘어가세요.

나머지가 있는 나눗셈

[예제] 봉투에 사탕이 50개 들어 있습니다. 8명이 사탕을 나누면 한 명당 몇 개씩 가질 수 있을까요? 그리고 몇 개가 남을까요?

$$50 \div 8 = \square$$

↑ 전체의 수　↑ 인원수　↑ 1인분

구구단의 8단을 떠올려 보자

$8 \times 1 = 8$
$8 \times 2 = 16$
$8 \times 3 = 24$
$8 \times 4 = 32$
$8 \times 5 = 40$
$8 \times 6 = 48$
$8 \times 7 = 56$ ⎱ 50은 이 사이에 있다

· 구구단의 8단에는 '50'이 나오지 않는다
· 8단을 보면 50은 48과 56 사이에 있다
· 즉 6개씩 나눌 수는 있지만 7개씩 나누면 사탕이 모자라게 된다
  따라서 '6개씩 나눠 가질 수 있으며 2개가 남는다.'가 된다
· 이것을 식으로 쓰면

$$50 \div 8 = 6 \text{ 나머지 } 2$$

답 한 명당 6개씩 가질 수 있으며 2개가 남는다

지도 포인트

구구단을 이용합니다.
나머지가 나누는 수보다 크면 안 됩니다.

이번에는 나눗셈이 나누어떨어지지 않을 때, 즉 '나머지가 있는 나눗셈'을 푸는 법을 공부해 보겠습니다.

구구단의 8단 중에 '50(전체의 수)'은 없습니다. 그래서 이 '50'이 8단 중 몇과 몇 사이에 있는지 생각해 보면, '8×6=48'과 '8×7=56'의 사이, 즉 '48'과 '56'의 사이에 있음을 알 수 있지요.

이번에는 7개씩 나누면 어떻게 되는지 생각해 보면, 8×7=56이니까 모두 합쳐서 56개가 필요하지요. 그런데 사탕은 50개밖에 없으니 6개가 모자랍니다. 그

대상 학년 : 초등학교 3학년   3-2 나눗셈

[아이에게 이렇게 물어보자] 왼쪽의 예제를 참고로

· 사탕 50개를 8명이 나눠 가지면 한 명이 몇 개씩 가질 수 있을까?
  우리 같이 식을 생각해 보자.
· 50÷8을 하면 되겠지?
· 그러면 구구단의 몇 단을 떠올리면 될까?
· 8단이지? 8×1=8, 8×2=16, ……, 8×6=48, 8×7=56……. 어? 50이 없네?
· 8단에는 50이 없구나. 그러면 50은 무엇과 무엇 사이에 있을까?
· 48과 56 사이에 있지?
· 8×7=56이니까 7개씩 나누면 56개가 필요하겠지? 하지만 그러려면 6개가 부족하네?
· 8×6=48이니까 6개씩 나누면 48개가 필요하겠지? 이러면 2개가 남네?
· 그러니까 1인분은 '6개'이고 나머지는 '2개'가 된단다.

렇다면 6개씩 나누면 어떻게 될까요? '8×6=48'이니까 모두 48개만 있으면 되는군요. 이렇게 하면 전부 6개씩 나눠 주고 2개가 남게 됩니다. 식으로 표현하면 '50÷8=6 나머지 2'가 되지요.
여기에서 주의할 점이 있습니다. '나머지'는 '나누는 수'보다 절대로 커질 수 없다는 것이지요. 이것은 매우 중요합니다. '50÷8=5 나머지 10' 이렇게 나누는 수인 '8'보다 나머지 '10'이 더 클 수는 없는 것이지요. 또,

나눠지는 수÷나누는 수=답……나머지
라는 식은,
나누는 수×답+나머지=나눠지는 수
가 되며, 이것을 '검산'이라고 합니다. 기억해 두면 좋겠죠?
'50÷8=6 나머지 2'는,
'8×6+2=50'이 되는 것입니다.

'O'이 많이 있는 나눗셈

[예제] 다음 계산을 해 봅시다

① $24000 \div 600$

$24000 \div 600$
$= 24000 \div 600$
$= 40$

답 40

나누어지는 수와 나누는 수에서 같은 개수만큼 '0'을 떼어 내도 답은 바뀌지 않는다

조언 한마디

```
        6
   _____
80 ) 500
     48 ↓
     ─────
      20
```

식을 쓸 때는 나눠지는 수에서 지운 0을 그대로 아래로 내려서 나머지 옆에 붙여 주세요.

② $500 \div 80$

$500 \div 80$
$= 500 \div 80$
$= 6 \text{ 나머지 } 20$

'0'을 1개씩 떼어 냈으므로 나머지에는 '0'을 1개 붙인다

답 6 나머지 20

지도 포인트 '나눠지는 수'와 '나누는 수'에서 같은 개수의 '0'을 떼어 내고 계산해도 답은 똑같습니다.

'0'의 덧셈, 뺄셈, '0'이 많이 있는 곱셈에서 공부했던 것을 여기에서도 사용할 수 있습니다. 칠판의 예제①을 풀며 확인해 보지요. 곱셈과 마찬가지로 '0'을 손가락으로 가리고 계산을 할 수 있습니다. 이 '0'이 많이 있는 나눗셈을 풀 때 주의

할 점은 나머지가 생겼을 경우입니다. 그러면 칠판의 예제②를 보기 바랍니다. 500÷80의 '0'을 하나씩 손가락으로 가려 50÷8로 만들어 계산하면 답은 '6 나머지 2'가 됩니다. 이때 답이 '6'은 맞았지만 나머지 '2'는 틀렸지요.

대상 학년 : 초등학교 3학년

3-2 나눗셈

【아이에게 이렇게 물어보자】 왼쪽의 예제②를 참고로

· 500÷80을 생각해 보자. 500 속에 80이 몇 개 있을까?

· 80×1=80, 80×2=160, ……, 80×6=480, 80×7=560이니까, 답은 6이지?

· 나머지는 몇일까? 500-480=20이니까 20이네. 그러니까 500÷80의 답은 6 나머지 20이란다.

· 나눗셈은 (나눠지는 수)와 (나누는 수)에서 같은 개수만큼 '0'을 떼어 내도 답이 같단다. '0'을 몇 개씩 떼어 낼 수 있을까?

· 하나씩 '0'을 떼어 내면 50÷8이 되지? 50÷8은 6 나머지 2지. 어? 나머지가 2가 됐네?

· 아까 '0'을 하나씩 떼어 냈지? 그 '0'을 2에 붙이면 20이 된단다.

앞 페이지에서 공부했듯이 나눗셈은
나누는 수×답+나머지=나눠지는 수
라는 식이 성립합니다.
이 식에 적용하면,
80(나누는 수)×6(답)+2(나머지)
가 되지요. 이것을 계산하면 '482'가 됩니다. '500(나눠지는 수)'이 되어야 하는데 말이지요. 지금쯤 눈치챘겠지요? 손가락으로 가린 '0'을 나머지 2에 붙여야 하는 것이지요. 나머지는 '2'가 아니라 '20'이어야 하는 것입니다.
"500원짜리 동전으로 80원짜리 과자를 몇 개 살 수 있고, 또 얼마가 남을까요?"
'0'을 손가락으로 가리고,
50÷8=6 나머지 2……?
이때 아이가 "2원이 남아요."라고 대답하면 곤란하겠지요?

나눗셈의 계산 〈1〉
〈두 자리 ÷ 한 자리, 몫이 한 자릿수에 나머지가 없는 나눗셈〉

【예제】 다음 계산을 해 봅시다.

식으로 고치면

① '1' 속에 6은 없다

② '18' 속에는 6이 3개 있다. 3을 18의 '8' 위에 적는다

③ 6×3=18. 답과 나누는 수를 곱해 나눠지는 수 아래에 적는다

④ 뺄셈을 해서 나머지를 구한다. 이 문제에서는 나머지가 없다

답 3

조언 한마디

나눠지는 수 ÷ 나누는 수

나누는 수)나눠지는 수

식으로 고칠 때 숫자의 위치에 주의해 주세요.

지도 포인트

식을 쓸 때 숫자의 위치에 주의해 주세요.

지금까지 공부한 계산과 마찬가지로 네모 칸이 쳐 있는 공책을 이용해서 숫자의 자리가 어긋나지 않도록 세로로 정렬합니다.

'나눗셈의 계산'에서 가장 주의해야 할 점은 가로식에서 세로식으로, 즉 고칠 때 숫자의 위치입니다. 칠판에 적혀 있는 예제처럼 나눠지는 수 '18'(가로식에서 앞에 나오는 숫자)을 선 안에 적어 주세요. 그리고 나누는 수인 '6'을 선의 왼쪽 바깥에 적습니다. 이것이 '나눗셈의 계산'의 형태이지요.

대상 학년 : 초등학교 3학년   3-2 나눗셈

【아이에게 이렇게 물어보자】 왼쪽의 예제를 참고로

· 18÷6을 식으로 풀어 보자. 식으로 고칠 때 숫자의 위치가 반대가 되니까 주의하렴.

· 1 안에 6이 있을까? 6으로 1을 나눌 수 있겠니?

· 1 안에 6이 없으니까 이번에는 18 안에 6이 몇 개 있는지 생각해 보자.

· 6×1=6, 6×2=12, 6×3=18이니까 3개 있네.

· 답은 3이니까 3을 8 위에 적자.

· 이제 6과 답인 3을 곱해 보자. 몇이 될까?

· 6×3=18이지?

· 18을 나눠지는 수 18의 아래에 적자. 그리고 마지막으로 뺄셈을 해 보렴. 뺄셈의 답이 나머지란다.

· 18-18=0이니까 답은 '3'이고 나머지는 없구나.

그러면 구체적으로 풀이 방법을 설명하겠습니다.

나눠지는 수 '18' 속에 나누는 수 '6'이 몇 개 있는지 생각합니다. 나눠지는 수의 큰 자리부터 계산해 나가도록 하지요. '18'의 십의 자리인 '1' 속에는 '6'이 없습니다. 6으로는 나눌 수가 없지요. 따라서 '18' 속에 '6'이 몇 개 있는지를 생각합니다. 그러면 '3'이 나올 것입니다.

다음에는 나누는 수와 몫을 곱한 숫자를 나눠지는 수 아래에 적고 그것을 뺍니다. 이때 자릿수가 어긋나지 않도록 아이에게 주의시켜 주세요.

참고로, 아이가 이 계산식을 풀면서 바로 답을 맞히지 못하면 힌트로 '구구단의 6단'을 천천히 재확인시켜 주세요. 또 나눗셈의 답을 '몫'이라고 하는 것도 기억시켜 주세요.

나눗셈의 계산 〈2〉
(두 자리÷한 자리, 몫이 한 자릿수에 나머지가 있는 나눗셈)

[예제] 다음 계산을 해 봅시다.

35 ÷ 8
나눠지는 수   나누는 수

↓ 식으로 고치면

① 8) 35
나누는 수 나눠지는 수

① '3' 속에는 8이 없다

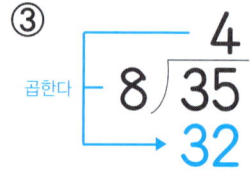

③ 곱한다

③ 8×4=32
답과 나누는 수를 곱해 나눠지는 수 아래 적는다

② 답
  4
8) 35

② '35' 속에는 8이 4개 있다
4를 35의 '5' 위에 적는다

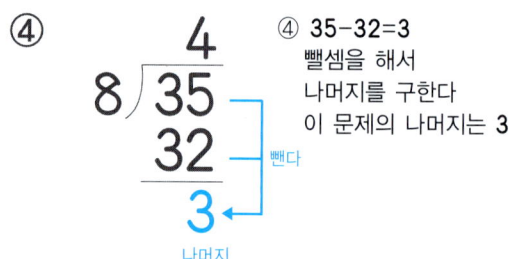

④ 35-32=3
뺄셈을 해서 나머지를 구한다
이 문제의 나머지는 3

빼다

나머지

답 4 나머지 3

'세운다' → '곱한다' → '뺀다' 라는 순서가 나눗셈의 키 워드입니다.

앞 페이지에서 공부한 '나눗셈의 계산'을 아이가 완전히 익혔나요? 숫자를 세로로 정렬할 것, 그리고 숫자의 자리가 틀리지 않도록 주의할 것. 이와 같은 주의 사항을 다시 한 번 확인해 주세요.
이번에는 '나머지가 있는 나눗셈'의 계산입니다. 기본은 앞 페이지와 같습니다. 칠판에 적혀 있는 예제①과 같이 나눠지는 수 안에 나누는 수가 몇 개 있는지 생각하면 되지요. 그리고 예제②와 같이 '4'를 35의 5 위에 적는 것을 '답을 세운다.' 라고 합니다.

대상 학년 : 초등학교 3학년   3-2 나눗셈

【아이에게 이렇게 물어보자】 왼쪽의 예제를 참고로

- 35÷8을 식으로 풀어 보자.
  식으로 고칠 때 숫자의 위치가 반대가 되니까 주의하렴.
- 3 안에 8이 있을까?
- 3 속에는 8이 없으니까 이번에는 35 속에 8이 몇 개 있는지 생각해 보자.
- 8×1=8, 8×2=16, 8×3=24, 8×4=32, 8×5=40, 어? 35가 넘어 버렸네?
  그렇다면 35 안에는 8이 4개 있다는 뜻이 되겠지?
- 이제 답인 4를 35의 '5' 위에 적어 놓자.
- 8과 답인 4를 곱하면 몇이 될까?
- 8×4=32지?
- 32를 나눠지는 수 35 아래에 쓰자. 그리고 마지막으로 뺄셈을 해 보렴.
  뺄셈의 답이 나머지가 된단다.
- 35-32=3이니까 답은 '4'이고 나머지는 '3'이구나.

'답을 **세운다**' → '답과 나누는 수를 **곱한다**' → '그 수를 나눠지는 수에서 **뺀다**' 라는 계산 순서를 반복 연습하면서 '나머지가 있는 나눗셈'을 익혀 나가도록 지도해 주세요. 개중에는 반복 연습을 하는 사이에 암산으로 금방 답을 구해 버리는 아이도 있을 것입니다. 식의 중간 과정을 쓰지 않고 답만 적는 경우도 있습니다. 하지만 여기에서는 아이가 순서에 따라 차근차근 계산하도록 지도해 주세요. 머리로만 빠르게 계산하는 아이는 '답(몫)'이나 나머지를 깜빡하고 적지 않는 경우가 있습니다.

빠르게 계산하는 것도 좋지만 '**세운다**' → '**곱한다**' → '**뺀다**' 라는 순서는 반드시 완전히 몸에 익히도록 지도해 주세요. 속도보다는 정확성이 더 중요합니다.

나눗셈의 계산 〈3〉
〈두 자리÷한 자리, 몫이 두 자릿수에 나머지가 없는 나눗셈〉

[예제] 다음 계산을 해 봅시다.

$$57 \div 3$$

①
$$3\overline{)57}$$
① 5÷3=1
'5' 위에 1을 적는다
(세운다)

②
$$3\overline{)57} \\ 3$$
② 3×1=3
'5' 아래에 3을 적는다
(곱한다)

③
$$3\overline{)57} \\ 3 \\ 2$$
③ 5-3=2
뺄셈의 답 2를
3 아래에 적는다
(뺀다)

④
$$3\overline{)57} \\ 3\downarrow \\ 27$$
④ 7을 뺄셈의 답 2의
옆으로 내린다
(내린다)

⑤
$$3\overline{)57}^{\,19} \\ 3 \\ 27$$
④ 27÷3=9
'7' 위에 9를 적는다
(세운다)

몫이 두 자릿수가 될 때는 남은 숫자를 아래로 내립니다.
이때의 순서는 '세운다' → '곱한다' → '뺀다' → '내린다' 입니다.

앞 페이지에서 설명했지만, 나눗셈의 계산을 할 때 기본은 '세운다' → '곱한다' → '뺀다' 입니다. 그리고 이번에는 여기에 '내린다' 가 추가됩니다.

칠판의 예제, 57÷3을 풀며 설명하겠습니다. 57의 '5' 속에는 '3' 이 1개 있습니다. 따라서 '5' 의 위에 '1' 을 세웁니다 (①). 그리고 세운 답과 나누는 수를 곱해서 '5' 아래에 '3' 이라고 씁니다(②). 다음에는 '5' 에서 '3' 을 빼서 '2' 를 구하는데, 이때 등장하는 것이 '내린다' 입니다. 즉 ③과 ④처럼 뺄셈을 해서 나온

대상 학년 : 초등학교 4학년

3-2 나눗셈

【아이에게 이렇게 물어보자】 왼쪽의 예제를 참고로

⑥
```
       19
    ┌─────
 3 )  57
       3
      ──
      27
      27
```
⑥ 3×9=27
앞에서 적은 '27'
아래에 27을 쓴다
(곱한다)

⑦
```
       19
    ┌─────
 3 )  57
       3
      ──
      27
      27
      ──
       0    답 19
```
⑦ 27-27=0
뺄셈을 해서 나머지를
구한다. 이 문제의
나머지는 없다
(뺀다)

· 5 속에 3이 몇 개 있을까?

· 1개 있지?

· 5 안에 3이 1개 있으니까 1을 5 위에 적으렴. 답을 세웠으니 이제 곱하기하고 빼기를 해야겠지?

· 아, 그러고 보니 7이 남았구나. 7은 뺄셈의 답 2의 옆으로 내리렴.

· 27이 되었지?

· 27÷3을 생각해서 답을 세우면 그 다음에는 곱하기하고 빼기를 해야겠지?

· 답은 19이고 나머지는 없단다.

'2'의 안에는 '3'이 없으므로 '2'의 옆에 57의 일의 자리의 수 '7'을 내려서 '27'로 만들어 계산하는 것이지요. 나머지는 똑같은 과정을 반복하면 됩니다. 먼저 '27' 속에 '3'이 몇 개 있는지 생각해 그 답을 '세웁니다'. 다음에는 그 답과 나누는 수를 '곱하고', '뺄셈'을 해서 최종적인 답 '19'를 구합니다. 칠판의 예제에서는 나머지가 생기지 않았지만, 나머지가 생기는 경우에도 '세운다'→'곱한다'→'뺀다'→'내린다' 라는 계산 순서는 똑같습니다.

또 몫이 두 자릿수 이상이 될 때는 답을 세우는 위치에 주의해 주세요. 그리고 계산 도중에 뺄셈에서 실수를 하지 않도록 세로로 잘 정렬해 계산하는 버릇을 길러 주세요.

나눗셈의 계산 ⟨4⟩
(두 자리÷한 자리, 몫이 두 자릿수에 나머지가 있는 나눗셈)

[예제] 다음 계산을 해 봅시다.

$73 \div 6$

① 6)73 '세운다'

② 6)73 '곱한다'
      6

③ 6)73 '뺀다'
    6
    1

④   1
  6)73 '내린다'
    6
    13

⑤   12
  6)73 '세운다'
    6
    13

조언 한마디
'세운다' → '곱한다' → '뺀다' → '내린다' 라는 순서를 아이가 완전히 숙지하도록 지도해 주세요.

지도 포인트
'세운다' → '곱한다' → '뺀다' → '내린다' 와 같이 짧은 키 워드를 사용해 풀어 보세요.

지금까지 공부한 '나눗셈의 계산'을 반복 연습하고 있나요? 이번에는 몫이 두 자릿수이고 나머지가 있는 나눗셈을 공부하겠습니다. 계산 방법이나 순서는 거의 차이가 없습니다.

계속해서 반복 연습하는 것은 매우 중요합니다. 하지만 충분히 익숙해졌다면 아이가 질리지 않도록 엄마가 질문을 조금씩 짧게 줄여 주세요. 그래서 최종적으로는 칠판의 오른쪽처럼 **'세운다'**, **'곱한다'**, **'뺀다'**, **'내린다'** 라고만 말합니다. 계산에 익숙해진 아이는 이렇게 질문이

대상 학년 : 초등학교 4학년

3-2 나눗셈

⑥
```
      12
   ┌─────
 6 │ 73
     6
     ──
     13
     12
```
'곱한다'

⑦
```
      12
   ┌─────
 6 │ 73
     6
     ──
     13
     12
     ──
      1
```
'뺀다'

답 12 나머지 1

【아이에게 이렇게 물어보자】 왼쪽의 예제를 참고로

· 오늘은 질문을 짧게 할 테니 잘 생각해서 풀어 보렴. 먼저, 세운다!
· 1이지? 1을 어디에 쓸까?
· 7 워지? 다음에는 곱한다!
· 6이구나. 6은 어디에 쓸까?
· 7 아래지? 다음에는 뺀다!
· 1이지? 1은 어디에 쓸까?
· 6 아래지? 이번에는 내린다!
· 13이 되었구나. 그러면 다시 세운다!
· 2구나. 2를 어디에 쓸까?
· 3 워지? 다음에는 곱한다!
· 12구나. 12는 어디에 쓸까?
· 13 아래지? 다음에는 뺀다!
· 1이구나. 이건 나머지가 1이라는 뜻이지? 그러면 답은?
· 12 나머지 1이란다.

짧아지면 리듬에 맞춰 놀이를 하듯이 공부할 수 있습니다. 또 아이가 엄마의 질문을 놓치지 않도록 집중함으로써 자신이 어떤 부분을 계산하고 있는지 확인할 수 있습니다.

다만 이런 짧은 질문은 아이가 '나눗셈의 계산'을 어렵게 생각하지 않도록 기본이 완전히 정착된 다음에 시도해 주세요. 서두를 필요는 전혀 없습니다. 여유를 두고 아이의 수준에 맞춰 훈련해 나가면 됩니다. 엄마의 작은 아이디어가 아이의 '흥미'를 이끌어 내며, 엄마의 작은 배려가 아이에게 '용기'를 줍니다.

다음에는 조금 더 어려워집니다. 하지만, 용기를 내서 도전해 보세요!

나눗셈의 계산 〈5〉
(세 자리÷두 자리, 몫이 두 자릿수에 나머지가 있는 나눗셈)

[예제] 다음 계산을 해 봅시다.

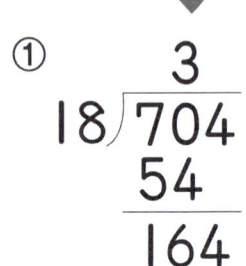

①
```
       3
   ┌─────
18 │ 704
     54
   ─────
    164
```

②
```
      38
   ┌─────
18 │ 704
     54
   ─────
    164
    144
   ─────
     20
```

③
```
      39
   ┌─────
18 │ 704
     54
   ─────
    164
    162
   ─────
      2
```

① 70÷18을 70÷20이라고 생각한다
70 속에는 20이 3개 있다

② 164÷18을 160÷20이라고 생각한다
160 속에는 20이 8개 있다
그러나 나머지 20은 나누는 수 18보다
크므로 답을 1 늘린다

③ 답의 일의 자리를 9로 바꿔서 다시
계산한다. 나머지 2는 나누는 수 18보다
작으므로 답은 39 나머지 2가 된다

답 **39 나머지 2**

지도 포인트

두 자릿수로 나누는 계산은 일단 '대략적'으로 생각합니다. 그리고 나머지는 나누는 수보다 작아야 하는 것이 규칙입니다.

이번에는 '수가 큰 나눗셈'을 푸는 법을 배우겠습니다. '세 자리÷두 자리'로 생각해 보지요. 나누는 수가 두 자리일 때는 이 '대충'을 활용하면 편합니다.
칠판에 적혀 있는 예제를 보면, 먼저 ①

과 같이 704의 '7' 속에는 '18'이 없으므로 '70' 속에 '18'이 몇 개 있는지 생각합니다. 하지만 아이들은 그 답을 금방 찾아내기가 힘듭니다. 그래서 여기에 '대충'이 등장하지요. 즉 '18'을 '20'으

대상 학년 : 초등학교 4학년　　3-2 나눗셈

【아이에게 이렇게 물어보자】 왼쪽의 예제를 참고로

· 70 속에는 18이 몇 개 있을까? 18을 20이라고 생각하고 대답해 보렴.

· 3개 있지? 그러면 나머지는 16이 되는데, 나누는 수 18보다 작으니까 맞았어! 이번에는 4를 내려서 164÷18을 160÷20이라고 생각하고 풀어 보자.

· 160 안에는 20이 8개 있지? 하지만 이렇게 하면 나머지가 20이 되네. 과연 맞은 걸까?

· 나머지 20은 18보다 크니까 8은 틀렸어.

· 그러면 20 속에 18이 하나 더 있으니까 몇으로 하면 좋을까?

· 하나 더 늘려서 9로 계산해 보자. 18하고 9를 곱하면 162가 되니까 나머지는 몇일까?

· 나머지는 2가 되지? 18보다 작은 수가 되었으니까 이 안에는 이제 18이 하나도 없어.

· 그러니까 답은 39 나머지 2가 된단다.

로 생각하고 계산하는 것입니다. '70÷20=3 나머지 10'이 되므로 70 안에 '18'이 3개 있다고 예상할 수 있습니다. 그래서 그 '3'을 70의 0의 위에 세우고 계산하면 나머지가 '16'이 됩니다. '16'은 나누는 수인 '18'보다 작으므로 '대략적'으로 생각한 '3'이라는 몫이 올바른 답임을 알 수 있습니다. '나머지는 나누는 수보다 작아야 한다.'는 것이 나눗셈의

규칙이었지요? 이처럼 '대충'을 이용해서 몫을 예상해 계산했을 때, 나머지가 나누는 수보다 작으면 그 예상이 맞았다고 할 수 있습니다.

최종적인 답에 이르는 여정이 길수록 아이들은 어렵게 느끼기 마련입니다. 하지만 다음에 무엇을 해야 할지 확실히 알면 어렵다는 생각이 줄어들어 학습 의욕이 향상될 것입니다.

나눗셈의 계산 〈6〉
(계산식을 생략)

[예제] 다음 계산을 해 봅시다.

$$793 \div 26$$

⬇

①
```
      3
   ┌─────
26 │ 793
     78
   ─────
      1
```

②
```
      3
   ┌─────
26 │ 793
     78↓
   ─────
     13
```

③
```
     30
   ┌─────
26 │ 793
     78
   ─────
     13
      0
   ─────
     13
```
여기를 생략한다 →

① 79÷26=3 나머지 1
　'세운다' → 3
　'곱한다' → 26×3=78
　'뺀다' → 79-78=1

② '내린다' → 3을 아래로 내린다
　여기를 생략한다 →

③ 13÷26=0 나머지 13
　'세운다' → 0
　'곱한다' → 26×0=0
　'뺀다' → 13-0=13

답 30 나머지 13

> 지도 포인트
> '0'을 빼도 나머지는 변하지 않습니다.
> 필요 없는 부분은 생략해 버립니다.

지금까지 공부한 '나눗셈의 계산'을 술술 풀 수 있게 되었나요? 아이가 "나 이제 다 풀 수 있어."라고 말해도 연습을 끝내지는 말아 주세요. 무엇이든 꾸준히 계속하는 것이 숙달의 비결이니까요.
　그러면 지금부터 실수가 자주 나오는 문제를 구체적으로 설명하겠습니다.
　칠판에 적혀 있는 예제를 보기 바랍니다. 답에 '0'이 들어가 있을 경우, '곱하기'와 '빼기'를 생략하는 것이 원칙입니다. '0'을 곱한 다음 빼더라도 최종적인 답은 달라지지 않으니까요. 답에 이르는 과

대상 학년 : 초등학교 4학년 **3-2 나눗셈**

【아이에게 이렇게 물어보자】 왼쪽의 예제를 참고로

· 793÷26을 식으로 풀어 보자.

· 79÷26=3 나머지 1이니까 답에 3을 '세우고', 나누는 수 26에 3을 '곱하는' 거야. 그리고 79에서 78을 '빼면' 1이 나오지. 그런 다음 793에서 3을 '내리면' 된단다.

· 이번에는 13÷26을 풀어야겠지?

· 13÷26은 0 나머지 13이니까 답에 0을 '세우고', 나누는 수 26에 0을 '곱하는' 거야. 그리고 13에서 0을 '빼면' 13이 나온단다. 답은 30 나머지 13이구나.

· 그런데 13에서 0을 빼도 나머지는 여전히 13이지? 이럴 때는 '곱하기', '빼기'를 하지 않아도 된단다.

※생략하면 계산식이 짧아진다

④
$$\begin{array}{r} 30 \\ 26\overline{)793} \\ \underline{78} \\ 13 \end{array}$$

조언 한마디
'0을 곱하면 0', '0을 빼도 줄지 않는다.' 즉 나머지는 13에서 변하지 않습니다.

정을 간소화시키면 실수를 줄일 수 있답니다.

가령 칠판에 적혀 있는 ③처럼 '26'에 '0'을 곱하면 '0'이 됩니다. 그리고 나머지 '13'에서 그 '0'을 빼면 역시 '13'이 되지요. 규칙대로 계산을 한 것은 맞지만 이 부분은 필요 없는 계산입니다. 그러므로 ④처럼 생략해 계산하는 것이지요.

이것을 처음부터 아이에게 가르쳐 주면

아이는 "흐~음."이라며 아무런 느낌도 없이 대답만 할지도 모릅니다. 그러므로 처음에는 규칙대로 계산을 하도록 놔두고, 도중에 엄마가 힌트를 줘서 아이가 스스로 깨닫게 하는 것이 좋습니다.

나눗셈의 계산 〈7〉
(답의 도중에 '0'이 들어가는 나눗셈)

[예제] 다음 계산을 해 보자.

813 ÷ 4

①
```
     2
  ┌─────
4 │ 8 1 3
    8
  ─────
    0  ← 적지 않는다
```

②
```
     2
  ┌─────
4 │ 8 1 3
    8 ↓
  ─────
      1
```

③ '0'을 쓰는 것을 잊지 않도록 주의
```
     2 0
  ┌─────
4 │ 8 1 3
    8
  ─────
      1
      0  ← 여기를 생략한다
  ─────
      1
```

① 8÷4=2
  '세운다' → 2
  '곱한다' → 4×2=8
  '뺀다' → 8-8=0
  ※ 뺄셈의 답인 '0'은 적지 않는다

② '내린다' → 1을 아래로 내린다
  여기를 생략한다

③ 1÷4=0 나머지 1
  '세운다' → 0
  '곱한다' → 4×0=0
  '뺀다' → 1-0=1

지도 포인트: '세우는' 숫자가 0일 때는 '곱한다', '뺀다'를 생략하고 다음 계산으로 넘어갑니다.

앞 페이지에 이어 실수가 잦은 문제를 설명하겠습니다.

칠판에 적혀 있는 예제를 보기 바랍니다. 계산의 규칙은 같으므로 먼저 ①과 같이 '8' 안에 '4'가 몇 개 있는지 생각해 답을 '세웁'니다. 이때 '2'를 세우는데, 이어서 '곱하기', '빼기'를 하면 '0'이 됩니다. 다만 여기에서 계산이 끝나는 것은 아니므로 이 '0'은 쓰지 않습니다.

다음에는 ②와 같이 '813'의 '1'을 아래로 내립니다. 하지만 '1' 안에는 '4'가 없습니다. 그러므로 답에 '0'을 세웁니

3-2 나눗셈

④ '내린다' → 3을 아래로 내린다

⑤ 13÷4=3 나머지 1
'세운다' → 3
'곱한다' → 4×3=12
'뺀다' → 13-12=1

답 203 나머지 1

※ 생략하면 계산식이 짧아진다

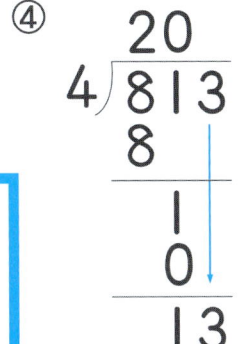

④
```
    20
4)813
    8
    ─
    1
    0
    ──
    13
```

⑤
```
    203
4)813
    8
    ─
    1
    0
    ──
    13
    12
    ──
     1
```

⑥
```
    203
4)813
    8 ↓
    ──
    13
    12
    ──
     1
```

⑥ 1÷4=0 나머지 1
'세운다' → 0
'곱한다', '뺀다' 를 생략
'내린다' → 3을 아래로 내린다
13÷4=3 나머지 1
'세운다' → 3
'곱한다' → 4×3=12
'뺀다' → 13-12=1

다. 이제 여기부터가 중요합니다. ③과 같이 '세우는' 숫자가 '0'일 때는 '곱한다', '뺀다'를 생략할 수 있습니다. 앞 페이지에서도 말했듯이, 답이 바뀌지만 않으면 굳이 계산할 필요는 없습니다. 그래서 생략을 하면 ⑥과 같이 되지요.

다만 이때 주의할 점은, 이 예제와 같이 답 사이에 '0'이 들어갈 경우에 그 '0'을 깜빡하고 쓰지 않거나 '0'은 아무것도 없다는 뜻이니 자리를 당겨서 계산하는 실수를 종종 한다는 것입니다.

문제를 풀다 보면 과정에 익숙하게 되는데, 실수는 이런 익숙함에 숨어 있습니다. 아이가 문제를 성의 있게 풀지 않으면 이는 학습에 대한 집중력이 떨어졌다는 증거이니 주의해야 합니다.

나눗셈의 계산 〈8〉
('0'이 많이 나오는 계산)

[예제] 다음 계산을 해 봅시다.

$$87000 \div 700$$

① 700⟌87000 ('00' 지움)

② 700⟌87000
       7↓
      ―――
       17

① 나누는 수와 나눠지는 수의 '0'을 같은 개수만큼 지운다
   여기에서는 2개씩 지운다

② 8÷7=1 나머지 1
   '세운다' → 1
   '곱한다' → 7×1=7
   '뺀다' → 8-7=1
   '내린다' → 7을 밑으로 내린다

지도 포인트 나눠지는 수에서 지웠던 '0'을 나머지의 옆으로 내려 줍니다.

이번에는 '0'이 많이 있는 수의 나눗셈 계산을 공부하겠습니다.

덧셈과 뺄셈, 곱셈에서 '0'이 많이 있을 때는 '0'을 손가락으로 가리고 계산하는 방법을 소개했습니다. 여기에서도 마찬가지입니다. 다만, 문제를 풀 때는 손가락으로 가리는 것이 아니라 나눠지는 수와 나누는 수에서 같은 개수만큼 '0'을 빗금으로 지우고 계산합니다. 칠판의 예제와 같이 87000÷700일 경우에는 870÷7로 계산합니다.

그런데 여기에서 주의할 점이 있습니다.

대상 학년 : 초등학교 4학년　　3-2 나눗셈

④ 30÷7=4 나머지 2
　'세운다' → 4
　'곱한다' → 7×4=28
　'뺀다' → 30-28=2
　'내린다' → 지웠던 '0' 2개를 밑으로 내린다

③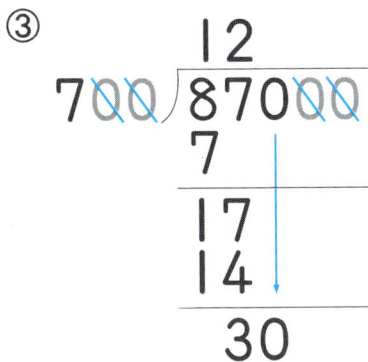

③ 17÷7=2 나머지 3
　'세운다' → 2
　'곱한다' → 7×2=14
　'뺀다' → 17-14=3
　'내린다' → 0을 밑으로 내린다

④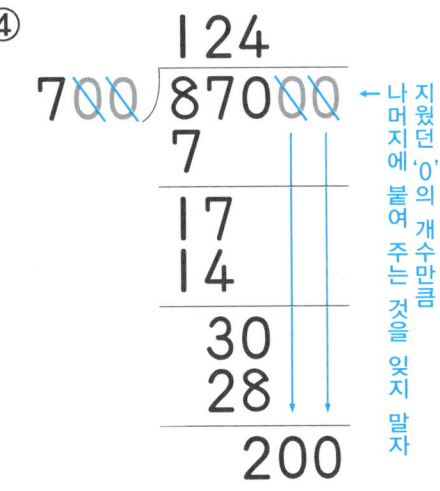

답 124 나머지 200

870÷7을 계산하면 '124 나머지 2'가 나오는데, 실제로는 '나머지 2'가 아닙니다. '0'이 많이 있는 나눗셈에서도 설명했지만, '0'을 지우고 나눗셈을 한 다음 나머지가 생기면 지웠던 '0'의 개수만큼 나머지에 '0'을 붙여 줘야 합니다. 즉 정답은 '124 나머지 200'이지요.
또 답이 맞았는지 확인하는 방법도 기억해 두면 좋겠지요?

(나누는 수)×(몫)+(나머지)
=(나눠지는 수)

이 식이 성립하면 정답입니다. 이것을 '검산'이라고 합니다. 그러면 예제를 검산해 보지요.

700×124+200=87000　○
700×124+2=86802　×

이것으로 정답을 확인할 수 있습니다.

제4장 문장 문제

4-1 　덧셈, 뺄셈의 문장 문제 ······ 139

4-2 　곱셈, 나눗셈의 문장 문제 ······ 157

● **칼럼**
　학원에 보내는 시기는 언제가 최적일까요?
　그리고 학원은 왜 필요할까요? ······ 156

4-1 덧셈, 뺄셈의 문장 문제

덧셈<1> (합치면) 140

덧셈<2> (모두, 전부) 142

덧셈<3> (많다) 144

덧셈<4> (적다) 146

뺄셈<1> (나머지) 148

뺄셈<2> (차이) 150

뺄셈<3> (적다) 152

뺄셈<4> (많다) 154

덧셈 〈1〉 (합치면)

[예제] 영희의 접시에는 딸기가 4개 있습니다. 그리고 철수의 접시에는 딸기가 3개 있습니다. 합치면 몇 개가 될까요?

영희 4개 　　　 철수 3개

'합치면' → 덧셈

$$4 + 3 = 7$$

답 7개

 **지도 포인트** '합치면'이라는 말이 나오면 덧셈입니다. 말의 의미를 이해시키려면 눈앞에서 직접 보여 주는 것이 중요합니다.

제4장에서는 지금까지 공부했던 '덧셈'과 '뺄셈', '곱셈', '나눗셈'의 '문장 문제'를 다루려 합니다. 초등학교 고학년이나 중학교에 다니는 아이들조차 많이 어려워하는 항목이지요. 혹시 엄마 중에서도 '나도 자신 없는데.'라고 생각하는 분이 있을지 모르겠습니다.

그렇다면 문장 문제의 어떤 점 때문에 어렵게 느끼는 것일까요? 그것은 '말' 때문입니다. 칠판에 적혀 있는 예제의 '합치면 몇 개가 될까요?'에서 '합치면'의 의미를 아이가 모른다면 문제를 풀 수 있을

대상 학년 : 초등학교 1학년   4-1 덧셈, 뺄셈의 문장 문제

【아이에게 이렇게 물어보자】 왼쪽의 예제를 참고로

- 접시가 2장 있단다. 그리고 한쪽 접시에는 딸기가 4개 있고, 다른 한쪽 접시에는 딸기가 3개 있어. 합치면 모두 몇 개일까? 딸기를 한 접시에 모두 담아 보자.

- 합치니까 7개가 되었네? 무슨 셈을 하면 7개가 될까?

- '4+3=7' 이니까 덧셈이지? 문제에 '합치면'이라는 말이 나오면 덧셈을 하면 된단다.

조언 한마디

'합치면'의 의미를 이해시키려면 실제로 아이에게 보여 주는 것이 중요합니다.

까요?
그림 등이 문제에 포함되어 있으면 그래도 이해하기 쉽지만, 문장 문제뿐이라면 풀지 못하는 아이도 있을 것입니다.
그러므로 '합치면'이라는 말의 의미를 이해시키기 위해서라도 실제로 아이 앞에서 직접 보여 주는 것이 중요합니다.
딸기가 아니라 연필이나 사탕 같은 일용품이라도 상관없습니다. 이 '합치면'→

'덧셈'이라는 도식에 금방 반응할 수 있도록 만들어야 앞으로 초등학교 고학년이나 중학생이 되었을 때 문장 문제를 어려워하지 않게 될 것입니다.
그리고 또 한 가지, 실제로 물건을 이용해 눈앞에서 보여 주는 것은 '5'와 '10'의 덩어리에 대한 개념을 복습할 기회이기도 하답니다.

덧셈 〈2〉 (모두, 전부)

【예제】 동물원에 갔더니 사슴이 4마리 있고 말은 8마리가 있습니다. 모두 몇 마리일까요?

사슴 4마리   말 8마리

'합치면'
'모두'　→ 덧셈
'전부'

$$4+8=12$$

답 12마리

지도 포인트: '합치면', '전부', '모두'는 하나로 묶는다는 뜻입니다. 모두 '덧셈'을 해서 풉니다.

앞에서 아이들이 문장 문제를 어려워하는 이유는 말 때문이라고 이야기했습니다. '합치면'이 덧셈을 의미한다는 것을 아이가 확실히 이해하도록 가르쳐 주었나요?

이번에는 '모두', '전부'라는 말을 살펴보겠습니다. 어른들은 이런 말이 나왔을 때 금방 머릿속에서 덧셈을 떠올리지요. 하지만 아이들은 조금 다릅니다. '합치면', '모두', '전부'가 덧셈을 의미한다는 사실을 처음에는 깨닫지 못하지요. 그래서 문장 문제를 읽고도 어떻게 계산을

대상 학년 : 초등학교 1학년   4-1 덧셈, 뺄셈의 문장 문제

【아이에게 이렇게 물어보자】 왼쪽의 예제를 참고로

· '모두'라는 건 무슨 뜻일까?

· '합친다'는 뜻이지?

· 그러면 모두 큰 동그라미로 묶어 보자! 동그라미 안에 몇 마리가 있을까?

· 12마리가 있네. 이건 무슨 셈을 한 걸까?

· '4+8=12'니까 덧셈이지? '합치면', '모두', '전부' 같은 말은 덧셈을 하라는 뜻이란다.

조언 한마디

예제의 '모두'를 '전부'로 바꿔도 문제의 내용은 달라지지 않습니다. '합치면', '모두', '전부'는 하나로 묶는다는 뜻이지요.

해야 좋을지 몰라 당황합니다. 이것 역시 아이들 앞에서 실제로 보여 주는 것이 중요하지요. 자신의 눈으로 직접 봄으로써 '말'과 '물건'과 '계산'의 연관성을 이해할 수 있게 되는 것입니다.

이 부분을 공부할 때는 엄마가 아이에게 말을 걸어 주면 더욱 효과적입니다. "합치면 몇 마리일까?", "모두 몇 마리일까?", "전부 몇 마리일까?"라고 말을 바꾸며 질문해 그것이 모두 같은 의미(덧셈)임을 깨닫도록 도와주세요. 표현을 다양하게 바꾸는 훈련으로 국어 실력을 키우는 동시에 수학의 문장 문제에 대한 이해력도 높일 수 있습니다.

덧셈 〈3〉 (많다)

【예제】 철수와 영수가 카드놀이를 하고 있습니다. 영수는 카드를 23장 가지고 있습니다. 철수는 영수보다 카드를 18장 더 많이 가지고 있습니다. 그렇다면 철수는 카드를 몇 장 가지고 있을까요?

'철수가 18장 더 많다'

영수가 가진 카드의 수		많은 수		철수가 가진 카드의 수
↓		↓		↓
23	+	18	=	41

답 41장

지도 포인트 '어느 쪽이 많은가?', '많은 쪽의 숫자를 알고 있는가, 적은 쪽의 숫자를 알고 있는가?' 가 핵심입니다.

당장이라도 형제가 싸움을 벌일 듯한 기세입니다.
"○○가 더 많이 가지고 있잖아!", "□□보다 더 커!" 등은 아이들이 두 명 이상 모이면 어디에서나 들을 수 있는 대화입니다. 그런데 사실 여기에는 문장 문제를 풀 때 매우 중요한 힌트가 숨어 있습니다. 아이들이 '○○가 더 많이', '□□보다 더' 같은 표현을 쓴다는 것은 '어느 쪽이 더 많다.' 라는 감각을 이미 익혔다는 증거이지요. 이처럼 '어느 한 쪽의 카드의 수를 알고 있다.', '어느 쪽의 카

대상 학년 : 초등학교 2학년   4-1 덧셈, 뺄셈의 문장 문제

【아이에게 이렇게 물어보자】 왼쪽의 예제를 참고로

- 철수와 영수 중에 누가 더 카드를 많이 가지고 있을까?
- 철수지? 그러면 카드를 몇 장 가지고 있는지 우리가 알고 있는 쪽은 누구일까?
- 영수가 23장을 갖고 있지?
- 철수는 영수가 가진 23장보다 18장이 많으니까 무슨 셈을 해야 할까?
- '23+18=41'이니까 덧셈을 해야겠지? 그러니까 답은 41장이 된단다.

조언 한마디

'어느 쪽이 많은가?', '많은 쪽의 숫자를 알고 있는가, 적은 쪽의 숫자를 알고 있는가?' 이 두 가지를 확실히 해 두는 것이 매우 중요합니다.

드가 많은가?'를 파악하는 것이 문장 문제의 중요한 핵심입니다.

칠판의 예제에서 우리가 카드의 수를 알고 있는 쪽은 '영수'입니다. 그리고 카드가 많은 쪽은 '철수'이지요. 따라서 카드의 수가 적은 쪽인 '영수'의 카드 23장에 18장을 더하면 '철수'의 카드가 몇 장인지 구할 수 있습니다.

그러면 잠시 시선을 바꿔 보겠습니다. 만약 예제에서 우리가 아는 것이 철수의 카드의 수라면 '철수의 카드는 41장이고 영수보다 18장이 더 많다. 영수의 카드는 몇 장일까?'라는 문제가 되지요. 이 문제를 푸는 법은 41-18=23이며, 이때는 뺄셈을 해야 합니다.

이처럼 반드시 '많다'→'덧셈'은 아님을 아이에게 인식시켜 주세요.

덧셈 〈4〉 (적다)

【예제】 영희와 순이가 구슬을 가지고 있습니다. 순이는 구슬을 37개 가지고 있습니다. 그런데 순이가 가진 구슬은 영희가 가진 구슬보다 9개가 적다고 합니다. 영희는 구슬을 몇 개 가지고 있을까요?

'순이가 9개 적다'

'영희가 9개 많다'

순이가 가진 구슬의 수 ↓   많은 수 ↓   영희가 가진 구슬의 수 ↓

$$37 + 9 = 46$$

답 46개

지도 포인트: '모르는 수'에 주목해 문장을 바꿔 보세요.

앞 페이지의 키 워드는 '많다' 였습니다. 이번에는 '적다' 가 키 워드입니다. 문장 문제에서 '○○보다 적다' 라는 표현이 나왔다고 해서 반드시 '뺄셈'을 해야 하는 것은 아닙니다. 칠판의 예제가 바로 '○○보다 적다'를 '덧셈'으로 구할 수 있는 경우이지요.

먼저 '순이가 가진 구슬이 9개 더 적다.' 라는 사실에 주목하세요. 여기에서 아이들은 지레짐작해 버립니다. 문제를 읽고 '37개' 와 '9개 적다' 라는 숫자를 본 순간 '이건 뺄셈이야.' 라고 생각해 버리는

4-1 덧셈, 뺄셈의 문장 문제

【아이에게 이렇게 물어보자】 왼쪽의 예제를 참고로

· 영희하고 순이 중에 누가 더 구슬을 적게 갖고 있을까?

· 순이가 9개 적지? 그러면 영희는 순이보다 몇 개 더 많이 갖고 있을까?

· 영희가 순이보다 9개 더 많이 갖고 있으니까 무슨 셈을 해야 할까?

· '37+9=46'을 해 줘야 하니까 덧셈이겠지?
그러니까 답은 46개가 된단다.

· '적다'라는 말이 나와도 덧셈을 쓸 때가 있단다.

조언 한마디

'모르는 수'에 주목하는 것이 핵심입니다.
또 한쪽이 ○○개 적다는 말은
다른 한쪽이 ○○개 더 많다는 뜻입니다.

것이지요.
37-9=28. 답은 '28개'
계산은 맞지만 예제의 답은 아닙니다.
이 문장 문제의 중심을 '순이'에서 '영희(=모르는 수)'로 옮겨 보면 어떻게 될까요? '영희가 가진 구슬이 9개 더 많다.'라는 표현이 되겠지요. 예제에서 묻는 것은 '영희가 가진 구슬의 개수'입니다. 따라서 37+9=46이라는 덧셈으로 답을 구할 수 있지요.

한쪽이 ○○개 적다면 이는 다른 한쪽이 ○○개 많다는 뜻입니다. 칠판 오른쪽의 질문을 천천히, 정성껏, 그리고 확실히 아이에게 이해시켜 주세요. 이와 같은 문장 문제는 '모르는 수', '구하고자 하는 수'에 주목해 풀어야 합니다.

뺄셈 〈1〉 (나머지)

[예제] 경호가 금붕어 잡기를 하고 있습니다. 수조에는 금붕어 10마리가 헤엄치고 있습니다. 경호가 3마리를 잡았다면 수조에 남은 금붕어는 몇 마리일까요?

'3마리를 잡았다' 면 '3마리가 줄어든다'

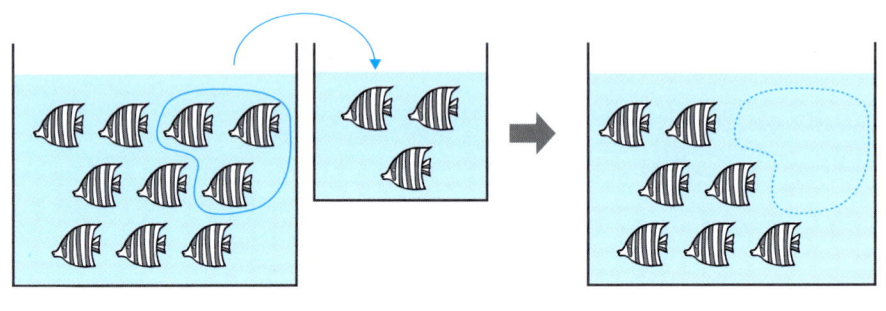

'나머지' 는 뺄셈

| 수조에 있던 금붕어의 수 | 잡은 금붕어의 수 | 남은 금붕어의 수 |

$$10 - 3 = 7$$

답 7마리

지도 포인트 '나머지는?' 은 뺄셈으로 구합니다. 문장 속의 말을 통해 '늘어나는가?', '줄어드는가?' 를 생각하세요.

지금까지 덧셈을 이용하는 문장 문제를 몇 개 설명했는데, 초등학교 수학의 문장 문제에는 어떤 공통점이 있습니다. 바로 문장 문제의 내용이 일상적인 것이라는 점입니다.

칠판에 적혀 있는 예제는 축제에서 자주 볼 수 있는 금붕어 잡기입니다.

'금붕어가 10마리 있던 수조에서 3마리를 잡으면 남은 금붕어는 몇 마리일까요?' 여기에서 중요한 점은 문장 속의 '잡다 → 줄어들다 → 나머지' 라는 흐름을 읽고 '뺄셈을 이용한다.' 라고 파악하는 것

4-1 덧셈, 뺄셈의 문장 문제

대상 학년 : 초등학교 1학년

【아이에게 이렇게 물어보자】 왼쪽의 예제를 참고로

- 3마리를 잡으면 수조 안의 금붕어는 많아질까, 적어질까?
- 적어지겠지? 수조에 남아 있는 금붕어의 수는 무슨 셈으로 구해야 할까?
- '10-3=7'이니까 뺄셈이겠지? 그러니까 답은 7마리가 된단다.
- '나머지'는 뺄셈으로 구한단다.

조언 한마디
'잡다→줄어들다→나머지'는 뺄셈으로 구합니다. 이 흐름을 키 워드로 외우도록 하세요.

입니다. 하지만 문장만 읽고 흐름을 파악하는 것은 어른에게도 쉬운 일이 아닙니다. 그래서 일상의 체험을 활용하는 것입니다. 실제로 금붕어 잡기를 해 본 적이 있는 아이와 경험이 없는 아이는 이 문제를 이해하는 감각에 커다란 차이가 납니다. '금붕어를 잡으면 수조 안에 있던 금붕어가 줄어든다. 그러므로 남은 금붕어의 수는 뺄셈으로 구할 수 있다.' 금붕어 잡기를 해 본 아이가 이러한 상상을 더 쉽게 할 수 있는 것이지요.

'나머지'→'뺄셈'이라는 감각을 익힐 수 있도록 엄마가 지혜를 발휘해 주세요. 가령 아이의 간식을 몰래 조금(모두) 먹고(감추고) 이렇게 말하면 어떨까요? "어머, 간식이 없어졌네(적어졌네)?" 그러면 아이는 '나머지'→'뺄셈'의 의미를 이해하게 될 것입니다.

뺄셈 <2> (차이)

[예제] 경수와 미영이가 블록 놀이를 하고 있습니다. 경수는 블록을 12개, 미영이는 블록을 7개 가지고 있습니다. 경수가 가진 블록과 미영이가 가진 블록의 개수는 몇 개 차이가 날까요?

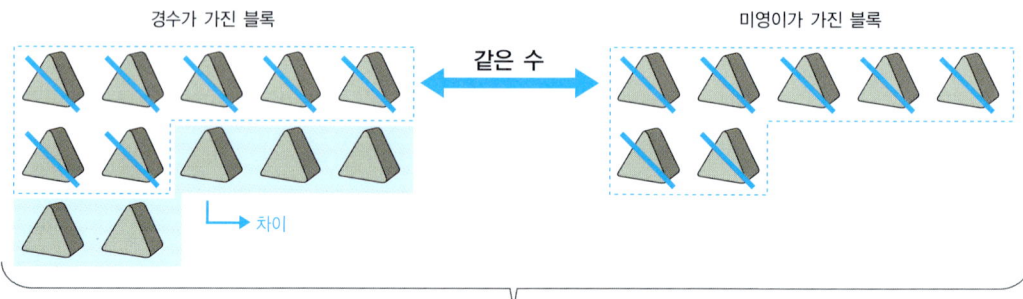

'차이'는 뺄셈

경수가 가진 블록의 수 ↓ 　 미영이가 가진 블록의 수 ↓ 　 차이 ↓

12 − 7 = 5

답 5개

'차이'를 묻는다면 뺄셈입니다.
큰 수에서 작은 수를 뺍니다.

새로운 키 워드인 '차이'가 나오는 문장 문제를 설명하겠습니다.

여기에서 중요한 점은 '나머지'와 '차이'가 같은 의미라는 것입니다. 그러므로 앞에서 공부한 뺄셈을 이용하게 됩니다. 칠판에 적혀 있는 예제와 같이 양쪽 (두 사람)에서 블록을 같은 수만큼 없앴을 때 남은 수가 '차이'가 되지요.

그러면 실제로 예제를 풀어 보지요. 경수와 미영이의 블록을 같은 수만큼 없애 나가면 경수의 블록이 5개 남게 됩니다. 이 '나머지'가 '차이'이며, 뺄셈을 이용해

4-1 덧셈, 뺄셈의 문장 문제

대상 학년 : 초등학교 1학년

【아이에게 이렇게 물어보자】 왼쪽의 예제를 참고로

· 두 사람이 가지고 있는 블록을 같은 수만큼 없애 보자. 몇 개씩 없앨 수 있을까?
· 7개씩 없앨 수 있구나. 그러면 누구 블록이 몇 개 남았을까?
· 경수 블록이 5개 남았네?
· 경수하고 미영이의 차이는 5구나. 서로 같은 수씩 없애고 남은 수는 '차이'가 되는 거란다. 그러면 무슨 셈을 해야 할까?
· '12-7=5'니까 뺄셈이겠지? 그러니까 답은 5개란다.
· '차이'라는 말이 나오면 뺄셈으로 구할 수 있단다.

조언 한마디

뺄셈을 할 때는 큰 수에서 작은 수를 빼도록 합니다. '7-12'는 초등학교 단계에서는 '할 수 없다.'라고 가르쳐 주세요.

구할 수 있는 '답'입니다.
그런데 이때 주의해야 할 점이 있습니다. 초등학교 수학에서는 '큰 수'에서 '작은 수'를 빼는 것이 뺄셈의 원칙이라는 것입니다. '7-12=□'와 같이 답이 음수가 되는 계산은 중학교에서 배우는 내용입니다. 초등학교 수학은 '큰 수'에서 '작은 수'를 빼도록 지도해 주세요.
운동회에서 하는 경기 중에 양 팀으로 나눠서 모래주머니를 바구니에 많이 던져 넣는 팀이 이기는 '모래주머니 넣기'가 있습니다. 나중에 양쪽 바구니에서 모래주머니를 하나씩 빼내며 먼저 모래주머니가 다 없어지는 쪽이 지게 되지요. 이때 모래주머니의 '남은 수'가 바로 '차이'이며, 이 역시 뺄셈을 이용해 구할 수 있어요.

뺄셈 〈3〉 (적다)

【예제】 영호의 팀은 축구 대회에서 5번 이겼습니다. 대경이의 팀이 이긴 횟수는 영호의 팀보다 2번이 적다고 합니다. 대경이의 팀은 몇 번 이겼을까요?

- '알고 있는 수'는 영호의 팀이 이긴 횟수로 **5**번
- 대경이의 팀이 **2**번 적게 이겼다

⬇

- 영호의 팀이 이긴 횟수가 대경이의 팀이 이긴 횟수보다 많다

⬇

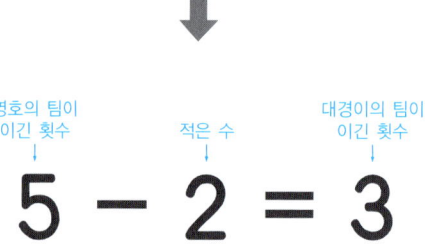

답 3번

지도 포인트: '알고 있는 수'가 많은 쪽이라면 '뺄셈'입니다. 반대로 적은 쪽이라면 '덧셈'입니다.

문장 문제 속에 '적다'라는 말이 나왔다고 해서 전부 뺄셈으로 구해야 하는 것은 아닙니다. 내용을 정확히 파악하는 것이 중요하지요. '어느 쪽이 적은가?', '많은 쪽의 숫자를 알고 있는가, 적은 쪽의 숫자를 알고 있는가?' 덧셈〈4〉 때와 마찬가지로 이 두 가지를 엄마가 확실히 질문해 주세요.

그리고 다음에는 키 워드인 '적다'입니다. '알고 있는 수'가 많은 쪽이라면 뺄셈입니다. 적은 쪽이라면 덧셈을 사용하지요. 칠판에 적혀 있는 예제를 보기 바

대상 학년 : 초등학교 1학년   4-1 덧셈, 뺄셈의 문장 문제

【아이에게 이렇게 물어보자】 왼쪽의 예제를 참고로

· 영호의 팀하고 대경이의 팀 중에 이긴 횟수가 적은 팀은 어느 쪽일까?
· 대경이의 팀이지?
· 이긴 횟수를 우리가 알고 있는 쪽은 어느 팀일까?
· 영호의 팀이 5번 이겼다는 건 알고 있지?
· 대경이의 팀은 영호의 팀보다 2번 적게 이겼으니까 무슨 셈을 해야 할까?
· '5-2=3'이니까 뺄셈을 해야지. 그러니까 답은 3번이 된단다.

조언 한마디

'어느 쪽이 적은가?', '많은 쪽의 숫자를 알고 있는가, 적은 쪽의 숫자를 알고 있는가?' 덧셈의 경우와 마찬가지로 이 두 가지를 생각해 보세요.

랍니다. 이때 '알고 있는 수'는 영호의 팀이 이긴 횟수 5회입니다. 그리고 대경이의 팀은 영호의 팀보다 이긴 횟수가 2회 '적다'는 것을 알고 있습니다. 따라서 영호의 팀이 이긴 횟수(알고 있는 수)인 5회가 더 많음을 알 수 있습니다.

그러므로 여기에서는 뺄셈을 이용하게 되지요. 즉 '5-2=3'이므로 대경이의 팀이 이긴 횟수가 '3회'임을 구할 수 있습니다.

만약 대경이의 팀이 3번 이겼고 대경이의 팀이 영호의 팀에 비해 이긴 횟수가 '2회 적다'는 문제라면 '알고 있는 수'인 3회가 더 적으므로 덧셈을 이용하게 됩니다. 그리고 '3+2=5'로 영호의 팀이 5번 이겼음을 알 수 있지요.

뺄셈 〈4〉 (많다)

[예제] 경수는 과자를 8개 먹었습니다. 경수는 철호보다 과자를 2개 많이 먹었다고 합니다. 철호는 과자를 몇 개 먹었을까요?

'경수가 2개 많다'

'철호가 2개 적다'

| 경수가 먹은 과자의 수 | 적은 수 | 철호가 먹은 과자의 수 |

8 − 2 = 6

답 6개

지도 포인트 '많다' 라는 말이 나온다고 반드시 덧셈을 사용하는 것은 아닙니다. '모르는 수'를 주어로 놓고 문장을 만들어 보세요.

앞에서 '적다' 라는 말이 문장 문제에 나왔다고 반드시 뺄셈을 사용하는 것은 아님을 배웠습니다. 마찬가지로 '많다' 라는 말이 나왔다고 해서 반드시 덧셈은 아니지요. 문제를 푸는 핵심은 '모르는 수' 를 주어로 문장을 바꿔 만드는 것입니다 (덧셈〈4〉).

칠판의 예제에서 '모르는 수' 는 철호가 먹은 과자의 수입니다. 그러므로 '철호가 먹은 과자의 수가(는), ○○' 이라고 문장을 다시 만들어 보세요. 그러면 '철호가 먹은 과자의 수가 2개 적다.' 가 되

4-1 덧셈, 뺄셈의 문장 문제

【아이에게 이렇게 물어보자】 왼쪽의 예제를 참고로

· 경수하고 철호 중에 누가 더 과자를 많이 먹었을까?

· 경수가 2개 더 많이 먹었지? 그러면 철호는 경수보다 과자를 몇 개 적게 먹었을까?

· 철호가 경수보다 2개를 적게 먹었으니까 무슨 셈을 하면 될까?

· '8-2=6' 이니까 뺄셈이겠지? 그러니까 답은 6개가 된단다.

· '많다' 는 말이 나오더라도 뺄셈을 사용할 때가 있단다.

조언 한마디

'모르는 수' 는 '철호가 먹은 과자의 수' 입니다.
'철호가 먹은 과자의 수가(는)~' 으로
표현을 바꿔 보세요.

겠지요? 경수가 먹은 과자의 수는 8개입니다. 따라서 '8-2=6' 이라고 계산할 수 있지요. 이처럼 '모르는 수' 를 주어로 놓고 문장을 다시 만들어 봤더니 '○○보다 많다' 라는 말이 나왔다면 '덧셈', '○○보다 적다' 라는 말이 나왔다면 '뺄셈' 입니다.
칠판 오른쪽의 질문과 같이 문장을 통해 알 수 있는 내용을 하나하나 상세히 질문해 나가면 문제를 생각하는 법이나 푸는 순서가 몸에 배게 될 것입니다. 문장 문제의 가장 큰 핵심은 엄마의 끈기입니다. 이렇게 저학년 때 조금씩 쌓아 나간 경험이 초등학교 고학년이나 중학생이 되었을 때 커다란 도움이 된답니다.

칼럼

학원에 보내는 시기는 언제가 최적일까요? 그리고 학원은 왜 필요할까요?

제 직업이 직업이다 보니 "언제 학원에 보내는 것이 가장 좋을까요?"라는 질문을 자주 받습니다.

아이에게 "친구들은 다 학원에 다니는데 나만 안 다녀. 이러다가 나 혼자 뒤쳐지면 어떡해? 나도 학원에 보내 줘."라는 말을 듣는다면 부모로서는 한번 생각해 볼 문제입니다.

이 경우에는 무엇에 대한 '불안감' 인가가 중요합니다. 친구들 사이에서 소외된다는 불안감일 수도 있고, 공부가 뒤쳐진다는 불안감일 수도 있습니다. 또는 양쪽 모두일지도 모르지요. 아이가 저학년인 경우는, 결론부터 말하자면 부모가 보낼 필요가 없다고 판단하면 보내지 않아도 무방합니다. 만약 아이에게 취미나 스포츠 등의 특기 분야(좋아하는 분야)가 있다면 그쪽을 개발시킬 것을 권합니다. 좋아하는 분야에 몰두하면 그것을 통해 친구를 사귀게 됩니다. 또 무엇을 좋아하는지, 무엇인가 하고 싶은 것은 없는지 이 기회에 아이와 대화를 나눠 보는 것도 좋겠지요. 만약 공부에 대한 불안감이라면 쉽게 떨쳐 낼 수 있는 방법이 있습니다. 학교 수업을 열심히 듣도록 하는 것입니다.

그러면 이번에는 제가 여러분에게 질문을 하겠습니다. 여러분은 아이의 숙제를 봐주나요? 저학년 수학은 숙제의 주된 내용이 계산 문제나 구구단입니다. 국어는 글자 연습과 읽기, 일기 등이지요. 이 정도 내용이라면 그다지 많은 시간을 들이지 않아도 엄마가 지도할 수 있을 것입니다. 무엇보다 시간을 공유함으로써 부모와 자식의 거리감이 줄어들고 학교 수업이 즐거워져 더 열심히 공부하게 되지요.

그렇다면 왜 학원을 만들었을까요?

사실 학원에 다닐 필요가 전혀 없는 것은 아닙니다. 공부를 잘할 수 있게 될 확률을 높이기 위해서는 학원에 보내는 편이 좋지요. 또 고학년이나 중학생이 되면 내용이나 공부 시간 등의 문제로 부모가 아이의 공부를 봐주는 것이 현실적으로 어려워집니다. 게다가 학교에 따라서는 입학시험 때 특별한 문제를 풀 수 있는 수준을 요구하기도 하지요. 그럴 때의 해결 방법으로 학원이 필요한 것입니다.

4-2 곱셈, 나눗셈의 문장 문제

곱셈<1> (□가 △개) 158

곱셈<2> (곱하기·더하기) 160

곱셈<3> (곱하기·빼기) 162

나눗셈<1> (나눠 주면) 164

나눗셈<2> (○○씩) 166

나눗셈<3> (○○씩에 □□가 남는다) 168

나눗셈<4> (답에 1을 더한다) 170

나눗셈<5> (나누기·더하기) 172

나눗셈<6> (나누기·빼기) 174

곱셈 〈1〉 (□가 △개)

【예제】 5명이 탈 수 있는 자동차가 3대 있습니다. 모두 몇 명이 탈 수 있을까요?

$$5 + 5 + 5 = 15$$

'5인승 자동차가 3대'

'5가 3개'

$$5 \times 3 = 15$$

답 15명

'□가 △개'는 □×△라는 곱셈으로 풀 수 있습니다.

지금부터는 '곱셈의 문장 문제'로 들어가겠습니다. 그 전에, 지금까지 다양한 유형의 문장 문제가 나왔으므로 다시 한 번 정리하는 시간을 가져 주세요.

그러면 칠판에 적혀 있는 예제를 설명하겠습니다. 먼저, "5명이 탈 수 있는 자동차가 3대 있습니다. '모두' 몇 명이 탈 수 있을까요?"와 같이 '모두'를 넣어 생각해 보지요. 이 '모두'라는 말은 덧셈의 문장 문제에서 배운 바가 있습니다. '모두'라는 말이 나오면 덧셈을 사용하므로 '5+5+5'를 계산해 '15'를 구할 수 있습

대상 학년 : 초등학교 2학년   4-2 곱셈, 나눗셈의 문장 문제

【아이에게 이렇게 물어보자】 왼쪽의 예제를 참고로

· 5명이 탈 수 있는 자동차가 3대니까 어떤 계산을 해야 할까?
· 덧셈으로 풀면 '5+5+5=15', 15명이 탈 수 있네?
· 이것을 곱셈으로 풀 수 있을까? 문장을 '□가 △개'라고 바꿔 보자.
· 5인승 자동차가 3대니까 '5가 3개'겠지?
· '□가 △개'는 '□×△'라는 곱셈으로 풀 수 있단다.
· '5×3=15'. 덧셈으로 풀었을 때하고 답이 같지?

조언 한마디

같은 수를 몇 번씩 더할 때는 '곱셈'을 이용하는 쪽이 편합니다. 문장을 '□가 △개'라고 바꾸면 쉽게 식을 세울 수 있습니다.

니다. 즉 답은 15명이지요. 하지만 더하는 횟수가 많아질수록 계산이 복잡해집니다. 그래서 '곱셈'이 등장하는 것이지요. 예제를 '□가 △개'라는 식으로 바꿔 보면, '5인승이 3대'가 됩니다. 그리고 이것을 곱셈으로 고치면 '5×3=15'가 되지요. 덧셈으로 풀었을 때와 답이 똑같음을 알 수 있습니다. 이와 같이 문장의 내용을 '□가 △개'라고 고치는 것이 문제를 푸는 핵심이지요.

'같은 수를 몇 번씩 더할 때는 곱셈을 이용한다.'

많은 문제를 풀어 보면서 아이가 스스로 이렇게 깨닫는다면 수학에 대한 의식이 향상되었다는 증거입니다.

곱셈 〈2〉 (곱하기, 더하기)

[예제] 한 반의 아이들이 모두 유원지로 놀러 가 제트 코스터를 탔습니다. 제트 코스터는 한 량에 8명이 탈 수 있습니다. 1량부터 4량까지는 8명씩 탔지만 5량에는 6명만 탔습니다. 이 반의 인원은 모두 몇 명일까요?

같은 수의 덧셈이므로 곱셈으로 답을 구할 수 있다

● 식을 세우는 포인트
① 한 량에 8명이 탈 수 있다
② 4량까지는 8명씩 탔다
③ 5량에는 6명이 탔다

$8 \times 4 = 32$

나머지 6명을 더한다

$32 + 6 = 38$

답 38명

지도 포인트 같은 수의 덧셈은 곱셈으로 구하고 나머지를 더하면 답이 나옵니다.

앞에서 '같은 수를 몇 번씩 더할 때는 곱셈을 이용한다.' 는 것을 배웠습니다. 그러면 이번에는 난이도를 한 단계 높여 보지요.

칠판에 적혀 있는 예제를 보기 바랍니다. 이 문제의 핵심은 1~4량까지는 8명이 탔으며 5량째에는 8명이 아니라 6명만 탔다는 것입니다. 한 량에 8명이 탈 수 있으며 8명이 탄 제트 코스터가 4량입니다. 즉 8명을 4번 더하게 되므로 곱셈 '8×4=32' 를 이용할 수 있습니다. 그리고 나머지 6명을 더하면 답인 '38명' 을 구

대상 학년 : 초등학교 2학년   4-2 곱셈, 나눗셈의 문장 문제

【아이에게 이렇게 물어보자】 왼쪽의 예제를 참고로

· 한 량에 몇 명이 탈 수 있지?
· 8명이지? 그러면 8명이 타고 있는 제트 코스터는 몇 량일까?
· 그래, 4량이야. 4량째까지는 몇 명씩 타고 있을까?
· 4량에 8명씩 탔으니까 곱셈을 하면 '8×4=32', 32명이 타고 있네?
· 5량째에는 6명이 타고 있었지? 그러니까 모두 합치면 몇 명일까?
· '32+6=38' 그러니까 모두 38명이란다.

조언 한마디

'모두 몇 명'을 묻는 문제이므로 기본적으로는 덧셈으로 구합니다. '8+8+8+8+6'. 하지만 같은 수 8을 4번 더하므로 '8이 4개(8×4)'에 6을 더하면 답이 나오지요.

할 수 있지요.

곱셈만 사용하는 것이 아니라 나머지를 더해야만 답을 구할 수 있습니다. 아이들은 이와 같이 한 번의 작업만으로는 답이 나오지 않아 다시 한 번 다른 작업을 해야 하는 문장 문제를 상당히 어려워하지요. 이런 문제를 풀려면 단계를 밟으며 생각하는 버릇이 필요합니다. 즉 '논리적 사고'이지요. 초등학교 고학년 또는 중학생이 문장의 의미는 생각하지 않은 채 문제에 나오는 숫자만 보고 계산했다가 틀리는 것은 이 단계에서 연습이 부족했기 때문일지도 모릅니다.

다시 한 번 말하지만, 이 시기에 엄마가 문장에서 알 수 있는 내용을 아이에게 하나하나 물어보며 확인시켜 주는 것이 중요합니다.

곱셈 〈3〉 (곱하기, 빼기)

【예제】 사탕이 30개 있습니다. 이것을 아이 4명에게 6개씩 나눠 주었습니다. 사탕은 몇 개 남았을까요?

● 식을 세우는 포인트
① 사탕이 30개 있다 …… '전체의 수'
② 6개씩 4명에게 나눠 줬다 …… '나눠 준 수'
③ 나머지를 모른다 …… '남은 수'

⬇

'전체의 수' − '나눠 준 수' = '남은 수'
　30개　　　　6×4=24

⬇

30 − 24 = 6

답 6개

지도 포인트 '말로 구성된 식'을 세웁니다. 그 식에 나오는 요소들이 각각 몇이 되는지 생각하다 보면 식이 완성됩니다.

앞에서 단계를 밟으며 문장 문제를 생각해 나가는 '논리적 사고'를 키우는 것이 중요하다고 했습니다. 그러면 단계를 밟으며 생각해 나갈 때 중요한 점은 무엇일까요? 바로 '말로 구성된 식'을 세우는 것입니다.

칠판에 적혀 있는 예제를 보기 바랍니다. '나머지'를 구하기 위해서는 뺄셈을 사용합니다. 그러면 '말로 구성된 식'을 세워 보지요.
'전체의 수' − '나눠 준 수' = '남은 수'
라는 식을 세울 수 있습니다. 그런데 이

대상 학년 : 초등학교 2학년　　4-2 곱셈, 나눗셈의 문장 문제

【아이에게 이렇게 물어보자】 왼쪽의 예제를 참고로

· 이건 무엇을 구하는 문제일까?
· 사탕을 나눠 준 다음에 남은 사탕이 몇 개인가지?
· 나머지를 구할 때는 무슨 셈을 해야 할까?
· 뺄셈을 하면 되겠지? '전체의 수'에서 '나눠 준 수'를 빼면 나머지를 알 수 있을 거야. '전체의 수'는 30개인데, '나눠 준 수'는 몇 개일까?
· 6개씩 4명이니까 곱셈 '6×4=24'를 하면 24가 되는구나.
· 이제 '나눠 준 수'를 알았어. 그러면 답은 몇일까?
· '전체의 수'에서 '나눠 준 수'를 빼면 '30-24=6'. 6이 되는구나.

> **조언 한마디**
>
> 말로 구성된 식을 세워 보면 이해하기가 쉬워집니다. 이 문제의 경우는 '나눠 준 수'를 6×4=24라고 구한 다음, 식에 숫자를 대입해 구합니다.

문제의 경우는 단순히 뺄셈만 해서는 답이 나오지 않습니다. 뺄셈을 하기 전에 '나눠 준 수'를 구해야 하지요.
그러면 식에 숫자를 대입해 보도록 하지요. 문장에서 우리는 사탕의 '전체의 수'가 30개임을 알 수 있습니다. 그러면 구해 볼까요? 6개씩 4명에게 나눠 주었으므로 '6×4=24' 입니다. '나눠 준 수'는 24개이지요. 따라서 '전체의 수' 30에서 '나눠 준 수' 24를 뺍니다. '30-24=6'. 즉 답은 '6개' 입니다.

'말로 구성된 식' 이라고 해서 어렵게 생각할 필요는 없습니다. 문장 문제의 내용을 확인하며 물어보는 엄마의 질문이야말로 '말로 구성된 식'을 자연스럽게 이해시키는 가장 좋은 방법이랍니다.

나눗셈 〈1〉 (나눠 주면)

【예제】 푸딩이 24개 있습니다. 이것을 8명에게 똑같이 나눠 주면 한 명이 몇 개씩 받게 될까요?

'전체의 수' ÷ '나누는 인원수' = '1명당 개수'

⬇ 나눠 준다 → 나눗셈

$$24 \div 8 = 3$$

● 검산을 해 보자

'전체의 수' ÷ '나누는 인원수' = '1명당 개수'
↓
'1명당 개수' × '나누는 인원수' = '전체의 수'

답 3개

지도 포인트
'나눠 준다' 라는 말이 나오면 나눗셈입니다.
'나눠 준다' 는 '같은 수로 나눈다' 는 뜻입니다.

지금부터는 사칙 연산(+−×÷)의 마지막인 '나눗셈의 문장 문제' 를 공부하겠습니다. 문장 문제를 푸는 기본적인 개념은 문제를 잘 읽고 '말로 구성된 식' 을 세우는 것이지요.

'나눠 준다' 라는 키 워드가 나오면 나눗셈을 사용합니다.

말로 식을 세워 볼까요?

'전체의 수' ÷ '나누는 인원수'
= '1명당 개수'

가 되지요. 여기에서 우리가 아는 것은 '전체의 수' 24와 '나누는 인원수' 8이

대상 학년 : 초등학교 3학년

4-2 곱셈, 나눗셈의 문장 문제

【아이에게 이렇게 물어보자】 왼쪽의 예제를 참고로

- '나눠 준다'가 나오면 무슨 셈이었지?
- 나눗셈이지? 그러면 말로 식을 세워 보자.
  '전체의 수' ÷ '나누는 인원수' = '1명당 개수'가 되겠지?
- 숫자를 넣어서 계산해 보자. 24÷8=3이니까 1명당 3개구나.
- 그러면 반대로 생각해 보자. 푸딩을 1명당 3개씩 8명에게 나눠 주려면 푸딩이 몇 개 필요할까?
- '1명당 개수' × '나누는 인원수' = '전체의 수'이니까 3×8=24, 푸딩이 24개 필요하겠구나. 이것이 '검산'이란다.

조언 한마디

'나눠 준다'는 말이 나오면 나눗셈을 사용합니다. 그리고 말을 바꿔서 곱셈으로 만들면 답이 맞았는지 확인할 수 있습니다. 이것이 '검산'입니다.

므로, 이것을 그대로 식에 대입합니다. 그러면 '24÷8=3'이므로 답 '3개'를 구할 수 있습니다. 또 다음과 같은 검산으로 답을 확인하는 습관을 들이도록 지도해 주세요.

'1명당 개수' × '나누는 인원수'
= '전체의 수'

'1명당 개수'는 3개이고 '나누는 인원수'는 8명이므로 '3×8=24'입니다. 즉

'전체의 수'가 24개로 예제에 나오는 푸딩의 수와 같으므로 1명당 개수인 '3개'는 맞았습니다.

그리고 검산을 한 다음에 다음과 같은 질문을 해 보면 어떨까요?

"푸딩을 1명에게 3개씩 8명에게 나눠 주려면 푸딩이 몇 개 필요할까?"

나눗셈과 곱셈이 매우 밀접한 관계임을 아이가 느끼도록 이끌어 주세요.

나눗셈 〈2〉 (○○씩)

【예제】 색종이가 48장 있습니다. 이것을 6장씩 봉투에 넣습니다. 봉투가 몇 개 필요할까요?

'○○씩 넣는다' →(바꿔 말하면) '○○씩 나눈다'

'나눈다' → '나눗셈'

'전체의 수' ÷ '○○씩' = '봉투의 수'

'○○씩' 이라는 말이 나오면 나눗셈을 사용한다

$$48 \div 6 = 8$$

답 8개

지도 포인트 '○○씩'은 같은 수만큼 '나눈다'는 뜻입니다. 즉, '나눗셈' 이지요.

먼저 트럼프 놀이를 떠올려 보세요. "트럼프 52장을 13장씩 '나눠 주면' 몇 명에게 나눠 줄 수 있을까?" 답은 4명입니다. 이것을 "트럼프 52장을 13장씩 '나누면' 몇 명에게 나눠 줄 수 있을까?"라고 바꿔 말해도 의미는 같습니다. 이처럼 '○○씩'의 뒤에 나오는 말은 대부분 '나눈다'로 바꿀 수 있습니다. 즉 '○○씩'이라는 말은 나눗셈을 한다는 뜻이지요.

그러면 칠판에 적혀 있는 예제를 설명하겠습니다. 먼저 "색종이 48장을 6장씩 넣는다"를 "색종이 48장을 6장씩 '나

대상 학년 : 초등학교 3학년   4-2 곱셈, 나눗셈의 문장 문제

【아이에게 이렇게 물어보자】 왼쪽의 예제를 참고로

· "6장씩 봉투에 '넣는다'"는 말은 "6장씩 봉투에 '나눈다'"는 뜻이란다. '나눈다'고 하면 무슨 셈일까?

· 나눗셈이지? 그러면 말로 식을 세워 보자. '전체의 수' ÷ '○○씩' = '봉투의 수'가 되겠지?

· 숫자를 넣어서 계산해 보자. '48÷6=8'이니까 8개가 되는구나.

· '검산'을 해 보렴. '봉투의 수' × '○○씩' = '전체의 수'니까 '6×8=48'. 답이 맞구나.

조언 한마디

예제의 '○○씩 넣는다'는 '○○씩 나눈다'라고 바꿀 수 있습니다. 즉, 나눗셈을 이용하면 되지요.

눈다'"라고 바꿉니다. 나눗셈이 되지요? 다음에는 말로 식을 세웁니다.

'전체의 수' ÷ '○○씩' = '봉투의 수'

여기에 우리가 알고 있는 수를 대입하면, '전체의 수'는 48장, '○○씩'은 6장이므로 '48÷6=8'이 됩니다. 즉 답은 '8개'이지요.

문장 문제에서는 다양한 키 워드가 나옵니다. 그 때문에 혼동을 일으킬 수도 있지만, 이 문제에서는 '어떤 셈'을 쓰면 되는지 엄마가 확실히 파악하고 아이에게도 그 키 워드가 지닌 의미를 이해시켜 주세요. 그리고 문장 문제를 '말로 구성된 식' → '해답'으로 이끌려면 아이에게 리듬감 있게 질문을 던져 주세요.

나눗셈 〈3〉 (○○씩에 □□가 남는다)

【예제】 23cm(센티미터)의 테이프가 있습니다. 이것을 5cm씩 나눠서 자르면 테이프가 몇 개가 되고 몇 cm가 남을까요?

'전체의 수' ÷ '○○씩'

23 ÷ 5 = 4 나머지 3

답 4개가 되고 3cm가 남는다

● 나머지가 나누는 수보다 커서는 안 된다
23 ÷ 5 = 3 나머지 8
나머지인 8이 나누는 수 5보다 크므로 틀린 답이다

지도 포인트
'나머지가 나누는 수보다 작아야 한다.' 이것이 나눗셈의 규칙입니다. 나머지가 나누는 수보다 커서는 안 됩니다.

앞에서 '○○씩 나눈다.'는 말이 나오면 나눗셈을 이용한다고 배웠습니다. 하지만 모든 문제의 답이 나누어떨어지지는 않지요.
그러면 이번에는 '나머지가 있는 나눗셈'의 문장 문제를 설명하겠습니다.

칠판에 적혀 있는 예제를 보기 바랍니다. 먼저 말로 식을 세웁니다.
'전체의 수' ÷ '○○씩' = '테이프의 수'
가 됩니다. 여기에 우리가 알고 있는 수를 대입해 보지요. '전체의 수'는 23센티미터, '○○씩'은 5센티미터씩입니다.

대상 학년 : 초등학교 4학년   4-2 곱셈, 나눗셈의 문장 문제

[아이에게 이렇게 물어보자] 왼쪽의 예제를 참고로

- '○○씩 나눈다'는 말이 나오면 무슨 셈이었지?
- 나눗셈이지?
- 말로 식을 만들어 보자. '전체의 수' ÷ '○○씩' = '테이프의 수'가 되겠지?
- 숫자를 넣어서 계산해 보자. '23÷5=4 나머지 3'이니까 4개가 되고 3cm가 남는구나.
- 나머지는 나누는 수보다 작아야 한단다.

> **조언 한마디**
> '나머지가 나누는 수보다 작아야 한다.'는 나눗셈의 규칙입니다. 이것을 잊지 말도록 지도해 주세요.

그러면 '23÷5=4 나머지 3'이 됩니다. 지금까지처럼 나누어떨어지지는 않는군요. 따라서 테이프의 개수는 4개, 나머지는 3센티미터가 됩니다.

그런데 이때 주의해야 할 점이 있습니다. '나머지가 있는 나눗셈'에서도 말했지만, 답에 나머지가 있을 때는 '나머지가 나누는 수보다 커서는 안 된다.'는 것이 나눗셈의 규칙입니다. 칠판 왼쪽 아래에 나온 것과 같은 계산 실수를 하는 아이가 많습니다. 하지만 처음부터 "나머지가 나누는 수보다 커지면 안 돼!"라고 아이를 윽박지를 필요는 없습니다. 이럴 때는 '나머지가 나누는 수보다 크면 왜 안 되는가?'를 엄마가 아이와 함께 생각해 주세요.

처음부터 안 된다(틀렸다)고 윽박지르면 아이는 의욕을 잃고 맙니다.

나눗셈 〈4〉 (답에 1을 더한다)

[예제] 반 전체가 관람차를 타기로 했습니다. 곤돌라 1대에 4명이 탈 수 있습니다. 반의 인원이 34명일 때 전원이 관람차를 타려면 곤돌라가 몇 대 필요할까요?

'전원의 수' ÷ '○○씩' = '곤돌라의 수'

34 ÷ 4 = 8 나머지 2   ← 4명씩 타고 있는 곤돌라의 수

'나머지가 2명' 즉 2명은 타지 못하므로 곤돌라가 1대 더 필요하다

8 + 1 = 9

↑ 4명씩 타고 있는 곤돌라의 수   ↑ 나머지 2명이 타고 있는 곤돌라의 수

답 9대

지도 포인트: 문장 문제는 답을 구한 뒤 한 번 더 문제를 읽는 습관을 들여야 합니다.

문장 문제는 식을 세우고 계산을 해서 답을 구한 다음에 한 번 더 문제를 읽고 무엇을 원하는지 확인해야 합니다.
칠판에 적혀 있는 예제를 보기 바랍니다. 지금까지와 마찬가지로 말로 식을 만들어 보지요.

'전원의 수' ÷ '○○씩' = '곤돌라의 수'
가 됩니다. 여기에서 우리가 알고 있는 수는 '학급 전원의 수 34명'과 곤돌라 1대당 '4명이 탈 수 있다.'는 것입니다. 이 숫자를 대입하면 34÷4=8 나머지 2가 되지요.

대상 학년 : 초등학교 4학년

4-2 곱셈, 나눗셈의 문장 문제

【아이에게 이렇게 물어보자】 왼쪽의 예제를 참고로

· 이 문제는 무슨 셈으로 풀어야 할까?

· 그래, 나눗셈이란다.

· 말로 식을 만들어 보자. '전원의 수' ÷ '○○씩' = '곤돌라의 수'가 되겠지?

· 숫자를 넣어 계산해 보자. '34÷4=8 나머지 2'이니까 8대에 나머지 2명이구나. 그런데 이것으로 끝일까?

· 나머지 2명이라는 건 '2명이 남아 있다.'는 뜻이지? 그 말은 2명이 곤돌라를 타지 못한 셈이네?

· 문제를 한 번 더 읽어 보렴. "'전원이 타려면' 곤돌라가 몇 대 필요할까요?"라고 써 있지?

· 곤돌라가 한 대 더 있으면 남은 2명도 곤돌라에 탈 수 있겠지?

· 그러니까 곤돌라는 '8+1=9', 모두 9대가 필요하단다.

지금까지와 같은 식이라면 8대 나머지 2명이라고 답을 썼을 것입니다. 하지만 여기에서 주의할 점이 있습니다. 한 번 더 문제를 읽어 보세요. "'전원이 타려면' 곤돌라가 몇 대 필요할까요?"라고 묻고 있습니다. 나눗셈으로 구한 답은 8 나머지 2입니다. 곤돌라가 8대지요. 하지만 이대로는 남은 두 명이 관람차를 타지 못하게 됩니다. 따라서 그 두 명을 태우기 위해서는 곤돌라가 한 대 더 필요하므로 8+1=9, '9대'가 정답인 것입니다.

문장을 읽고 식을 세운 뒤 계산을 해 답을 구합니다. 그런데 문장 문제에서 원하는 답이 계산으로 구한 답과는 다를 때가 많습니다. 한 번 더 문제를 읽는 습관을 길러 주세요. 그리고 문제가 원하는 답에 맞는 단위(이 문제에서는 대)를 반드시 붙이도록 주의해야 합니다.

나눗셈 ⟨5⟩ (나누기, 더하기)

【예제】 사탕이 24개 있습니다. 사탕을 4개씩 접시에 담으니 접시가 3장 남았습니다. 그렇다면 접시는 모두 몇 장일까요?

     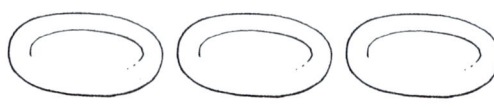

사탕이 4개씩 담겨 있는 접시의 수   사탕이 담겨 있지 않은 접시의 수

6장   3장

24 ÷ 4 = 6

6 + 3 = 9   답 9장

 **지도 포인트**: '○○씩'에서 나눗셈, '모두'에서 덧셈.
답을 구하려면 계산을 두 번 해야 합니다.

문장 문제에서 중요한 점은 답을 적기 전에 다시 한 번 문제를 읽어 보는 것입니다. 무엇을 묻고 있는지 확인하는 것을 잊어서는 안 되겠지요.

칠판의 예제와 같이 조금 난이도가 있는 문장 문제는 계산을 한 번 해서는 풀지 못합니다. 두 번, 세 번 계산을 해야 하지요. 예제에서는 사탕 24개를 4개씩 접시에 담았습니다. '○○씩'이라는 말이 나오면 나눗셈을 사용하므로 '24÷4=6'. 따라서 접시가 6장 필요함을 알 수 있습니다. 하지만 문제에서 묻고 있는 것은

대상 학년 : 초등학교 4학년　　　4-2 곱셈, 나눗셈의 문장 문제

【아이에게 이렇게 물어보자】 왼쪽의 예제를 참고로

- 먼저 사탕이 4개씩 담겨 있는 접시가 몇 장인지 구해 보자. '4개씩'이니까 무슨 셈을 해야 할까?

- 나눗셈이지? '24÷4=6'. 사탕이 담겨 있는 접시는 6장이네.

- 하지만 6장이 답은 아니란다.
  문제에서 묻는 것은 접시가 모두 몇 장이냐는 것이야.

- '모두'니까 덧셈을 해야겠지? 사탕이 담겨 있는 접시가 6장에 남은 접시가 3장이니까 둘을 더하면 '6+3=9'. 모두 9장이 되는구나.

조언 한마디

문장에 '○○씩'이 있으면 나눗셈, '모두'가 있으면 덧셈입니다.

접시가 모두 몇 장이냐는 것입니다. 즉 사탕을 4개씩 담았더니 접시가 3장 남았다고 했으므로 '6+3=9', 접시가 모두 9장 있음을 알 수 있습니다.

이런 문제에서는 남은 접시 3장을 더하는 것을 잊고 6장이라고 답하는 실수를 하는 아이가 많지요. 아이들은 문장 문제를 보고 식을 세워서 계산을 한 번 하면 마치 답을 구한 것처럼 생각해 버립니다.

특히 시험 등 시간적으로 여유가 없을 때나 집중력이 떨어질 때는 한 번 더 문제를 읽는 작업을 건너뛰기 쉬우니 주의해야 합니다.

"문장 문제는 정말 모르겠어.", "문장 문제는 너무 힘들어."라는 말을 자주 듣는데, 마지막에 한 번 더 문제를 읽는 습관을 들이면 쉽게 해결할 수 있습니다.

나눗셈 〈6〉 (나누기, 빼기)

【예제】 택시가 8대 멈춰 있습니다. 12명이 4명씩 택시에 타면 택시는 몇 대 남을까요?

$$12 \div 4 = 3$$

4명씩 타고 있는 택시의 대수를 구한다

4명씩 타고 있는 택시 / 남은 택시

택시는 전부 8대

$$8 - 3 = 5$$

남은 택시의 대수를 구한다

답 5대

지도 포인트

'○○씩'에서 나눗셈, '나머지'에서 뺄셈.
무슨 셈과 무슨 셈을 해야 하는지 잘 읽어 보세요.

드디어 문장 문제도 마지막 페이지에 이르렀군요. 그러면 문장 문제를 풀 때 중요한 점을 다시 한 번 확인해 보겠습니다. 먼저, 문장을 꼼꼼히 읽고 무엇을 묻고 있는지 확인할 것. 다음에는 키 워드가 되는 말을 찾아 무슨 셈을 사용해야 할지 파악하고 말로 식을 세운다. 그리고 알고 있는 숫자를 식에 대입해 계산한다. 마지막으로 한 번 더 문제를 읽고 문제가 원하는 것이 무엇인지 다시 확인하며, 단위가 필요하다면 단위를 붙여서 답을 쓴다. 이 작업을 초등학교 저학년 때 반복적으

대상 학년 : 초등학교 4학년 　　4-2 곱셈, 나눗셈의 문장 문제

【아이에게 이렇게 물어보자】 왼쪽의 예제를 참고로

- '4명씩'이라는 말이 나왔네? 그러면 무슨 셈을 해야 하지?
- 그래, 나눗셈이란다. '12÷4=3'. 택시가 3대 필요하네.
- 문제에서 묻고 있는 것은 뭘까? 나머지 택시의 대수지?
- '나머지'라는 말이 나오면 무슨 셈을 한다고 했지?
- 맞아, 뺄셈이야. '8-3=5'니까 남은 택시는 5대구나.

> **조언 한마디**
>
> 문장에 '○○씩'이라는 말이 있으면 나눗셈, '나머지'라는 말이 있으면 뺄셈입니다.

로 연습하면 문장 문제를 잘할 수 있게 될 것입니다. 그러면 고학년이나 중학생이 되어서 복잡한 문장 문제가 나와도 거부감 없이 풀 수 있겠지요.
그러면 칠판의 예제를 설명하겠습니다. '○○씩'이라는 말이 나오면 나눗셈을 사용합니다. 따라서 '12÷4=3', 즉 택시가 3대 필요함을 알 수가 있지요. 다만 예제에서 묻고 있는 것은 남은 택시의 대수입니다. '나머지'라는 말이 나오면 뺄셈을 사용하므로 '8-3=5'입니다. 따라서 남은 택시는 5대라고 답을 구할 수 있습니다.
중학교 입시나 고등학교 입시, 혹은 대학 입시에 이르기까지 수학에서 문장 문제가 안 나오는 경우는 없습니다. 아이가 문장 문제를 싫어하지 않도록 지금부터 토대를 단단히 다져 주세요.

도형

5-1 점과 선 177
5-2 평면 183
5-3 입체 197

● 칼럼
  취미 활동은 시작할 때보다 그만둘 때가 더 어렵습니다 182
  어른의 의식을 바꿉시다!! 아이에게 공부와 놀이는 똑같습니다 ... 196

5-1 점과 선

점과 점을 잇는다<1> (자를 이용해 선을 긋는다) 178

점과 점을 잇는다<2> (같은 도형을 그려 본다) 180

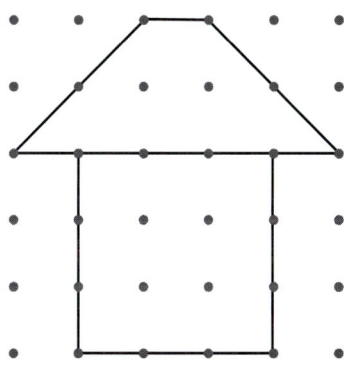

점과 점을 잇는다 〈1〉 (자를 이용해 선을 긋는다)

【예제】 자를 사용해 다음 그림의 점과 점을 이어 보세요.

①

자를 쓰는 법 ➡ 왼쪽에서 오른쪽으로 / 자가 움직이지 않도록 왼손으로 누른다

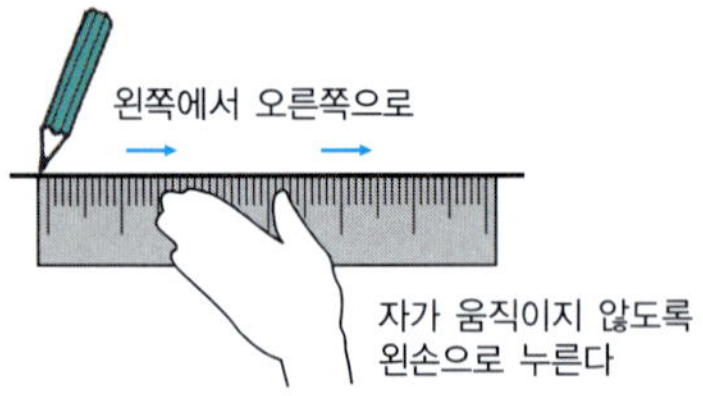

②

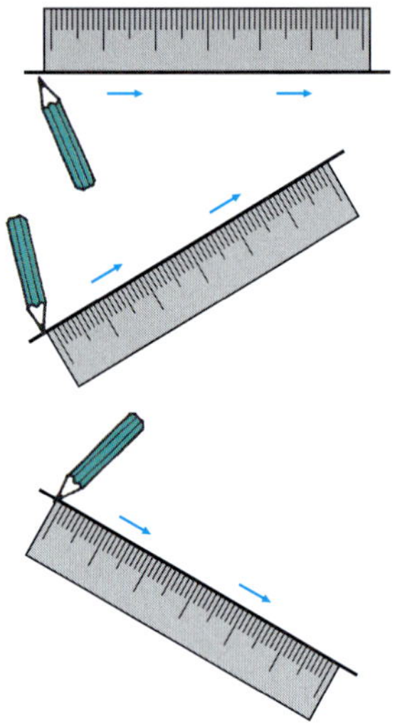

지도 포인트
연필을 움직이는 방향은 '왼쪽에서 오른쪽으로'가 기본입니다. 선을 깨끗하게 그릴 수 있을 때까지 연습합니다.

도형은 점의 모임이라는 사실을 알고 있지요? 점이 모여서 선이 되고, 선이 모여서 면이 됩니다. 그리고 면이 모여서 입체가 되지요.

먼저 자를 이용해 똑바로 선을 그어 보세요. 오른손잡이의 경우, 칠판의 예제처럼 왼손으로 자를 눌러 고정시킵니다. 선을 그리는 도중에 자가 밀려나지 않도록 꼭 눌러 줘야 합니다. 그리고 연필은 왼쪽에서 오른쪽으로 움직입니다. 사소한 것 같지만 왼쪽에서 오른쪽으로 연필을 움직이는 버릇을 들이도록 도와주세요. 반대

대상 학년 : 초등학교 2학년   5-1 점과 선

【아이에게 이렇게 물어보자】 왼쪽의 예제를 참고로

· 선을 똑바로 그리려면 뭘 이용하면 좋을까?

· 자를 이용하면 되겠지?

· 두 점을 자로 연결해 보자.

· 자가 움직이지 않게 꼭 누르고 왼쪽에서 오른쪽으로 선을 그어 보자.

조언 한마디

연필심의 굵기 등의 이유로 오차가 생길 때가 있으므로 그림처럼 점 아랫부분에 자를 대세요.

로 연필을 오른쪽에서 왼쪽으로 움직이면 그리고 있는 선이 자신의 손(오른손)에 가려 보이지 않게 되지요. '왼쪽에서 오른쪽으로'가 자의 기본 사용법입니다. 다음에는 자를 사용해 점과 점을 이어 보세요. 칠판의 예제처럼 다양하게 자의 방향을 바꾸거나 자의 윗부분 또는 아랫부분을 써서 점과 점을 잇는 깨끗한 선을 그릴 수 있을 때까지 꾸준히 연습시켜 주세요. 전단지 뒷면이나 쓰고 남은 공책이라도 상관없습니다. 그림을 그린다는 느낌으로 자를 이용해 점과 점을 그려 주세요. 색연필을 이용하면 아이들도 좋아하지요.

"자를 가지고 직선으로 된 무지개를 그려 볼까?"

즐겁게 공부하는 것이 무엇보다 중요하답니다.

점과 점을 잇는다 〈2〉 〈같은 도형을 그려 본다〉

【예제】 점과 점을 이어 똑같은 모양을 그려 보세요.

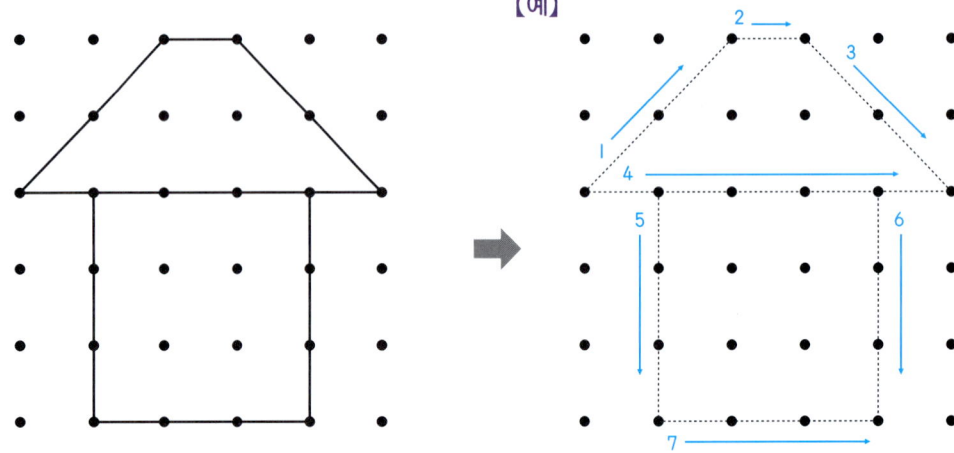

● **주의할 점**
① 어떤 점부터 그리기 시작할지 결정한다
② 자가 점과 점을 정확히 잇고 있는지 확인한다
③ 선을 똑바로 긋는다
④ 위의 예제에서는 **7**개의 선으로 완성시킨다

지도 포인트: 자를 사용해 선을 똑바로 그으려면 천천히, 그리고 정성껏!

점과 점을 잇는 선을 똑바로 그리는 것은 아이에게 그렇게 쉬운 일이 아닙니다. 의외로 초등학교 고학년이나 중학생들 중에도 선을 긋는 게 서툰 아이가 많지요. 만약 아이가 똑바로 선을 긋지 못한다면 다음과 같은 사항을 확인해 보세요.

1. 연필이 뭉툭해지지는 않았는가?
2. 연필을 올바르게 쥐고 있는가?
3. 자가 움직이지 않도록 왼손으로 꼭 누르고 있는가?
4. 자를 바로 위에서 내려다보고 있는가?
5. 왼쪽에서 오른쪽으로 연필을 움직이고

대상 학년 : 초등학교 2학년

5-1 점과 선

【아이에게 이렇게 물어보자】 왼쪽의 예제를 참고로

· 어떤 점부터 시작해야 할지 정했니?

· 자가 점과 점을 정확히 잇고 있는지 확인해 보렴.

· 선을 똑바로 그을 수 있겠니?

· 똑같은 그림이 됐는지 확인해 보자.

조언 한마디

점에서 점까지 똑바로 선을 긋지 못하는 아이가 적지 않습니다. 여유를 갖고 정성껏 그릴 수 있도록 지도해 주세요.

있는가?

꾸준히 연습해 선을 똑바로 그릴 수 있게 되었다면 칠판의 예제에 나오는 모양과 같은 모양을 그려 보세요(지금부터 네모 칸이 쳐진 공책이나 모눈종이를 사용해 엄마가 칠판을 참고로 점을 찍어 주세요). 어른에게는 간단한 일이지만 아이는 잘 되지 않을 것입니다. 하지만 엄마가 시범을 보이면 점점 나아집니다. 조급해하지 말고 시간을 두고 끈기 있게 연습을 시켜 주세요. 아이에게 너무 '공부'라는 인식을 심어 주지 말고 '조금 정성껏 그리는 낙서 놀이' 정도의 느낌으로 연습하도록 이끌어 주세요.

도형뿐만 아니라 그대로 '옮겨 그리는' 작업이 서툰 아이가 많습니다. 시간은 조금 걸려도 상관없으니 정확하게 그리는 것이 중요합니다.

칼럼
취미 활동은 시작할 때보다 그만둘 때가 더 어렵습니다

앞에서 학원의 필요성에 대해 말했습니다만, 여기에서는 '취미 활동'에 대해 생각해 볼까 합니다. 여자아이라면 피아노나 발레, 붓글씨, 남자아이는 축구나 야구 등이 있겠지요. 또 수영 교실이나 체조 교실, 무예, 바둑은 남녀를 불문하고 인기가 있습니다. 이러한 취미 활동은 체험 교실 등으로 경험을 해 본 다음 아이가 "하고 싶어."라고 말했을 때 시켜야 합니다. 그런데 이런 취미 활동이 장래에 직업으로 연결되거나 아이가 세계 수준의 선수 또는 인재로 자라나는 경우는 아주 드물다고 할 수 있습니다. 또 취미 활동의 가장 큰 난점은 그만둘(그만두게 할) 시기가 아닐까요? 학원은 입시가 끝남과 동시에 수강도 끝이 나지요.

제 개인적인 의견으로는 '목표(급수, 공연, 시기 등)를 정하고 이것을 달성하면 부모와 아이가 다음 단계에 대해 대화를 나누는' 것이 최선이 아닐까 생각합니다. 가장 난감할 때는 '친구가 그만둬서 나도 그만두고 싶다.'는 것이지요. 목표 → 도달 → 대화. 이 방식이라면 주위의 영향을 받지 않으며 취미 활동을 계속하든 그만두든 부모와 아이가 모두 납득할 수 있습니다. 그리고 잊지 말아야 할 것이 있는데, 바로 지도자에게 감사하는 마음이지요. 어렸을 때 시작한 취미 활동이 중학교와 고등학교의 특별 활동으로 이어지고 평생 학습(운동)으로 즐길 수 있게 된다면 이것이 가장 좋은 결과일 것입니다.

그리고 또 한 가지, 수학과 직접 관련은 없지만 최근에 유행하고 있는 영어 회화에 대해 얘기할까 합니다. 제가 운영하는 학원에서는 고학년부터 영어 학습을 시작하고 있습니다. 중학교에서 공부할 영어를 접하기에는 너무 빠르지도, 너무 늦지도 않은 최적의 시기라고 생각합니다. 본론으로 들어가면, 교육비가 크게 부담되지 않고 부모가 보내고 싶다면 영어에 대한 거부감을 없애 준다는 목적으로 유아기부터 영어를 가르쳐도 괜찮습니다.

다만, 진정으로 영어 회화 실력이 향상되기를 바란다면 이 책과 마찬가지로 엄마가 함께 공부해 주기 바랍니다. 또 체험 학습 때 마음에 들었던 선생님에게 배울 수 있는지 미리 확인하는 것도 중요합니다. 저학년 때는 무엇을 가르치느냐보다 누가 가르치느냐가 더 중요하답니다.

5-2 평면

성냥개비를 이용해 도형 만들기	184
꼭짓점, 변, 각	186
삼각형과 사각형	188
직각	190
직사각형	192
정사각형	194

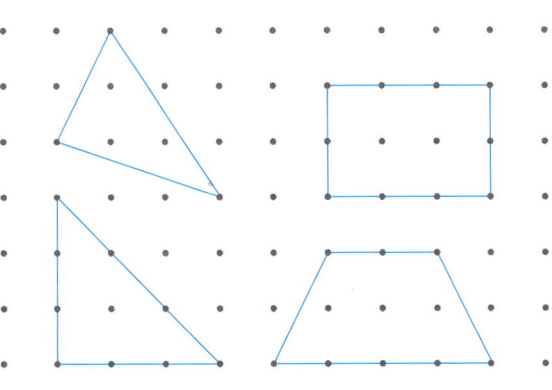

성냥개비를 이용해 도형 만들기

【예제】 성냥개비를 움직여서 ①의 도형을 ②의 도형으로 만들어 보세요.

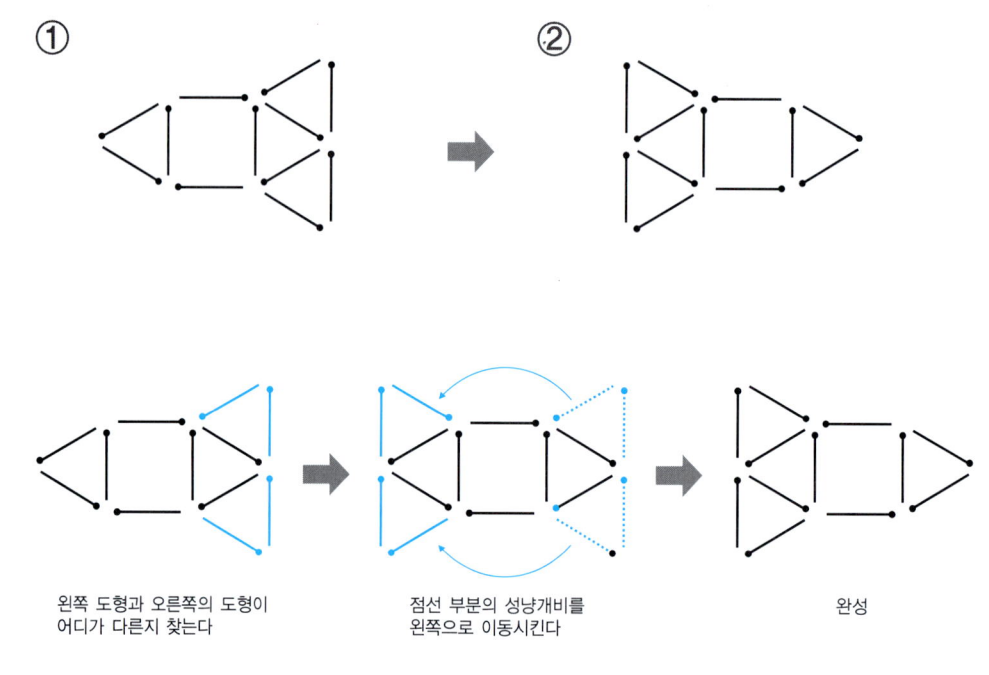

 성냥개비를 이용해 다양한 모양을 만들어 보세요.
퍼즐이라고 생각하면 즐겁게 공부할 수 있습니다.

텔레비전의 퀴즈 방송에서 성냥개비를 이용한 문제가 나올 때가 있습니다. 칠판에 적혀 있는 예제는 그런 문제와 비슷하지요. 혹시 '나는 이제 머리가 굳어서 잘 모르겠어…….' 라고 생각하지는 않나요? 여기에서 성냥개비를 이용해 여러 가지 도형을 만들어 보겠습니다.

먼저 성냥개비를 준비해 주세요. 그리고 칠판의 예제①과 같은 모양을 만들어 주세요. 다음에는 ②의 도형을 보고 실제로 만든 도형과 어디가 다른지 아이에게 물어보세요(엄마는 한눈에 알아보고 아이에

대상 학년 : 초등학교 3학년   5-2 평면

【아이에게 이렇게 물어보자】 왼쪽의 예제를 참고로

· ①의 도형하고 ②의 도형하고 어떤 부분이 다를까?

· 위치가 다른 성냥개비가 몇 개 있을까?

· 4개가 다르지? 먼저 그 4개를 집어 보렴.

· 이제 ②의 도형이 되도록 성냥개비를 놓아 보렴.

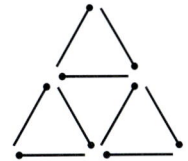

조언 한마디
예제 이외에도 여러 가지 도형을 만들어 보세요.

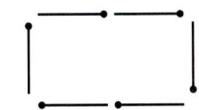

게 설명할 수 있나요?). 성냥개비 4개의 위치가 다르지요? 따라서 그 4개를 집어서 ②와 같은 위치에 놓으면 똑같은 도형이 완성됩니다.

이처럼 같은 도형을 만드는 훈련은 삼각형과 사각형 등 도형의 종류를 인식하는 데 도움이 되지요. 성냥개비 3개로 삼각형을 만듭니다. 또 4개로 사각형을 만듭니다. 이번에는 성냥개비 6개로 커다란 삼각형을 만들어 보세요. 또 삼각형과 사각형을 조합한 도형을 만들어 보세요. 이와 같이 자유롭게 도형 만들기를 하며 놀아 주세요.

예제의 로켓과 같은 모양은 아이들의 흥미를 이끌어 내는 데 도움이 됩니다. 부모와 함께 즐기는 도형 만들기와 퍼즐 놀이를 통해 아이는 삼각형과 사각형을 인식하게 되는 것이지요.

꼭짓점, 변, 각

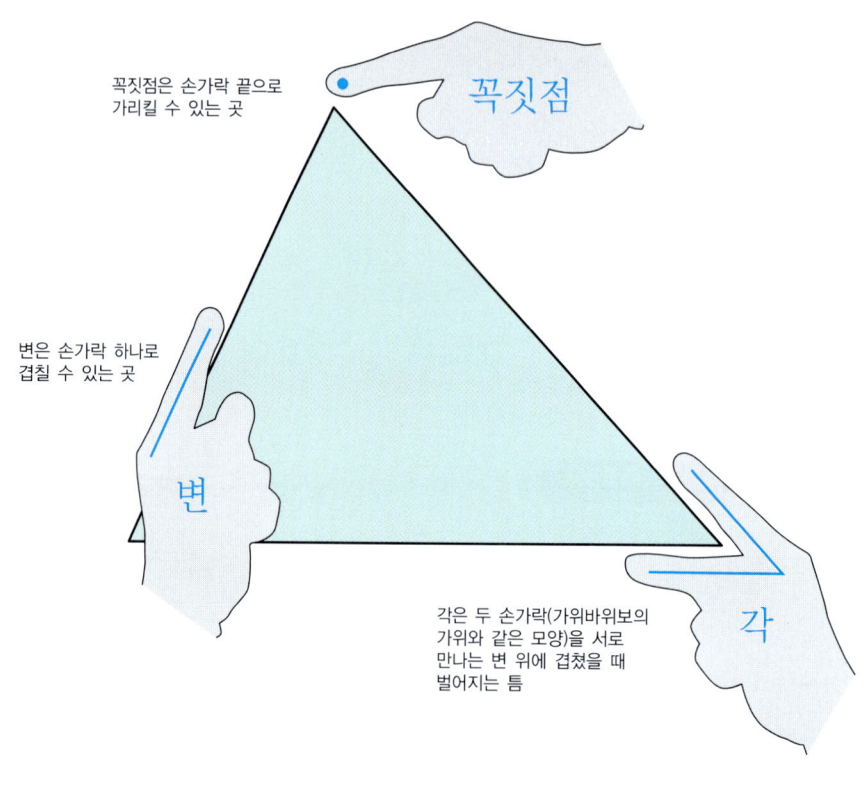

꼭짓점은 손가락 끝으로 가리킬 수 있는 곳

변은 손가락 하나로 겹칠 수 있는 곳

각은 두 손가락(가위바위보의 가위와 같은 모양)을 서로 만나는 변 위에 겹쳤을 때 벌어지는 틈

지도 포인트 : '꼭짓점', '변', '각'이 무엇을 나타내는지 손가락을 이용해 생각해 보세요.

지금까지 몰랐던 말의 의미를 이해하는 것은 참으로 어려운 일입니다. 어른은 당연히 알고 있지만 아이들은 모르는 단어가 참으로 많지요. 이번에 공부할 '꼭짓점'과 '변', '각'이 그 전형적인 예라고 할 수 있습니다. 이 세 가지 말은 도형을 공부할 때 절대로 빼놓을 수 없는 용어이지요. 그 의미를 엄마가 그저 말로만 들려주지 말고 실제로 손가락을 이용해 구체화시켜 주는 것이 중요합니다.

그러면 칠판을 보기 바랍니다.

· '꼭짓점'은 손가락 끝으로 가리킬 수

대상 학년 : 초등학교 4학년   5-2 평면

[아이에게 이렇게 물어보자] 왼쪽의 예제를 참고로

- 길이가 다른 막대를 3개 이용해서 삼각형을 만들어 보자.
- 모서리의 점은 손가락으로 가리킬 수 있지? 이것을 '꼭짓점'이라고 한단다.
- 이번에는 손가락을 하나 펴 보렴. 손가락으로 막대를 가릴 수가 있지? 이것을 '변'이라고 한단다.
- 다음에는 가위를 내 보겠니? 이제 가위를 낸 손가락을 모서리 위에 겹쳐 보면 손가락이 벌어지는 정도가 각각 다르다는 걸 알 수 있을 거야. 그 벌어지는 정도를 '각'이라고 한단다.

조언 한마디
새로운 말을 배울 때는 부모와 아이가 함께 소리를 내어 발음해 보세요.

있는 곳
- '변'은 손가락 하나로 겹칠 수 있는 곳
- '각'은 두 손가락(가위바위보의 가위와 같은 모양)을 서로 만나는 변 위에 겹쳤을 때 벌어지는 틈

이처럼 실제로 손가락을 이용해 직접 보여 주면서 설명하면 아이도 쉽게 이해할 것입니다.
이 세 가지 중에서 가장 아이들이 이해하기 힘든 것은 아마도 '각'일 것입니다. 자유롭게 굽혀 여러 가지 모양을 만들 수 있는 '철사'를 이용해 각의 의미를 이해시켜 주면 어떨까요? 철사로 만든 삼각형이나 사각형의 모양을 손가락으로 가리키며 "어떤 게 더 클까(작을까)?"라고 질문하는 것도 좋습니다.
다만 철사를 사용할 때는 다치지 않도록 주의해 주세요.

삼각형과 사각형

[예제] 3개의 곧은 선으로 둘러싸인 모양과 4개의 곧은 선으로 둘러싸인 모양을 그려 보세요.

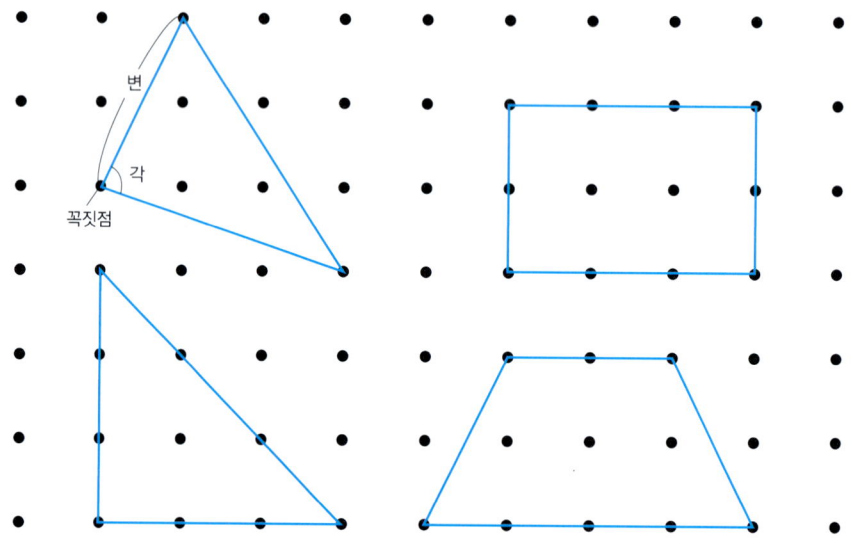

3개의 곧은 선으로 둘러싸인 모양을 '삼각형'이라고 합니다
4개의 곧은 선으로 둘러싸인 모양을 '사각형'이라고 합니다

삼각형은 꼭짓점이 3개, 변이 3개, 각이 3개.
사각형은 꼭짓점이 4개, 변이 4개, 각이 4개입니다.

앞에서 '꼭짓점, 변, 각'을 공부했습니다. 여기에서는 '꼭짓점, 변, 각'의 수가 정해져 있는 '모양'을 공부하도록 하지요.
먼저 칠판에 적혀 있는 예제와 같이 3개와 4개의 곧은 선으로 둘러싸인 모양을 그려 보세요. 3개의 곧은 선으로 둘러싸인 모양을 '삼각형'이라고 합니다. '삼각형'의 '꼭짓점, 변, 각'의 수는 각각 3개입니다. 아이가 삼각형을 많이 그려 보면서 이 성질을 스스로 발견해 낼 수 있도록 이끌어 주세요. 또 4개의 곧은 선으로 둘러싸인 모양을 '사각형'이라고 합니

대상 학년 : 초등학교 4학년 5-2 평면

【아이에게 이렇게 물어보자】 왼쪽의 예제를 참고로

· 3개의 곧은 선으로 둘러싸인 모양에는 꼭짓점하고 변, 각이 몇 개 있을까?
· 꼭짓점이 3개, 변이 3개, 각이 3개 있지? 이 모양을 '삼각형'이라고 한단다.
· 그러면 4개의 곧은 선으로 둘러싸인 모양에는 꼭짓점하고 변, 각이 몇 개 있을까?
· 꼭짓점이 4개, 변이 4개, 각이 4개 있지? 이 모양을 '사각형'이라고 한단다.

조언 한마디

삼각형	꼭짓점 … 3개	사각형	꼭짓점 … 4개
	변 … 3개		변 … 4개
	각 … 3개		각 … 4개

이것을 확실히 기억하도록 지도해 주세요.

다. '사각형'의 '꼭짓점, 변, 각'의 수는 각각 4개입니다. 삼각형에 비해 각각 하나씩 늘어났음을 알 수 있지요.
지시받은 도형과 같은 도형을 그릴 때는 하나의 점에서 오른쪽(왼쪽)에 몇 개, 위(아래)에 몇 개의 점을 이어야 하는지 아이에게 질문해 보세요. 대답을 못하는 아이가 의외로 많답니다. 자를 이용해서 천천히, 그리고 정성껏 도형을 그리는 훈련

을 계속시켜 주세요.
아이가 '삼각형'과 '사각형'을 제대로 그릴 수 있고 그 성질을 이해했다면 '오각형'과 '육각형'도 그려 보게 하면 좋습니다. 그리고 '삼각형', '사각형' 때와 마찬가지로 '꼭짓점, 변, 각'이 몇 개가 되는지 물어봐 주세요.

직각

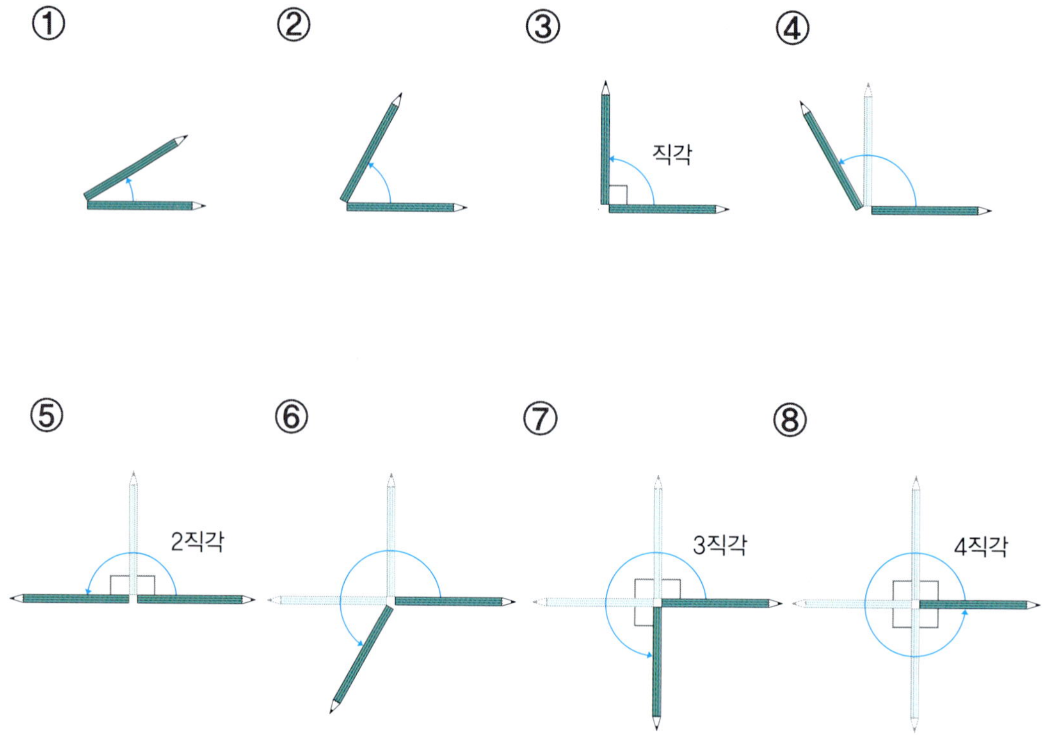

① ② ③ 직각 ④

⑤ 2직각 ⑥ ⑦ 3직각 ⑧ 4직각

**1회전을 4등분한 것이 '직각'입니다.
우리 주변에 어떤 직각이 있는지 찾아보세요.**

각도 중에서 '1회전을 4등분한 것'. 이 특별한 성질을 지닌 각이 '직각'입니다. '직각'을 말로 설명하려면 아무래도 표현이 어려워집니다. 그래서 직각을 공부할 때는 그 예를 보여 주고 그리게 하는 것이 중요하지요.

'꼭짓점, 변, 각'에서는 각을 나타낼 때 두 손가락을 이용했습니다만, 이번에는 칠판에서처럼 연필 두 자루를 이용해 각을 나타내 보도록 하지요. 그리고 두 연필의 사이를 벌려 나가면서 '직각'이란 무엇인지 가르쳐 주세요.

대상 학년 : 초등학교 4학년 　 5-2 평면

[아이에게 이렇게 물어보자] 왼쪽의 예제를 참고로

· 연필 2자루를 이용해서 뾰족한 각을 만들어 보자.

· 연필 사이를 점점 벌려서 책의 모서리에 딱 들어맞게 만들어 보렴. 이 각의 크기를 '직각'이라고 한단다.

· 주위에 어떤 직각이 있는지 찾아보렴.

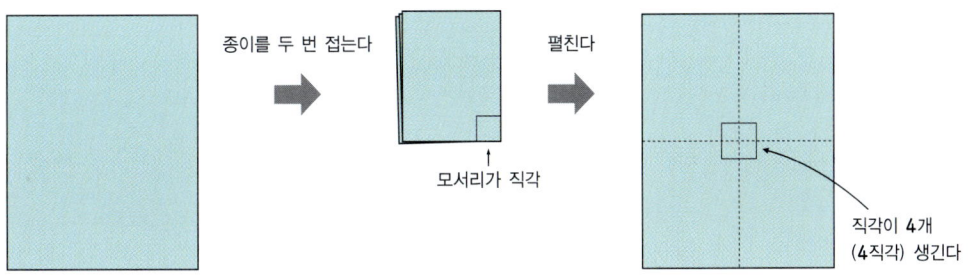

종이를 두 번 접는다 → 펼친다
모서리가 직각
직각이 4개 (4직각) 생긴다

어떤 모양의 종이라도 두 번 접어서 펼치면 직각을 만들 수 있다

또 신문이나 전단지 등의 종이를 이용해 '직각'을 만들 수도 있습니다. 종이를 두 번 접은 다음 펼치면 가운데 '직각'이 4개 만들어지지요. 즉 1회전을 4등분한 것이 '직각'인 것입니다. 그 직각이 2개 있으면 '2직각', 3개 있으면 '3직각', 4개 있으면 '4직각'이라고 합니다.

그밖에도 우리 주변에는 많은 '직각'이 있답니다. 아이와 같이 주변을 둘러보기 바랍니다. 가령 책상이나 테이블의 모서리, 책의 모서리, 방문의 네 구석 등이 '직각'이지요. 사각형의 물건을 이용해 아이에게 '직각'을 이해시켜 주세요.

직사각형

【예제】 다음 도형 중에서 직사각형을 찾아보세요.

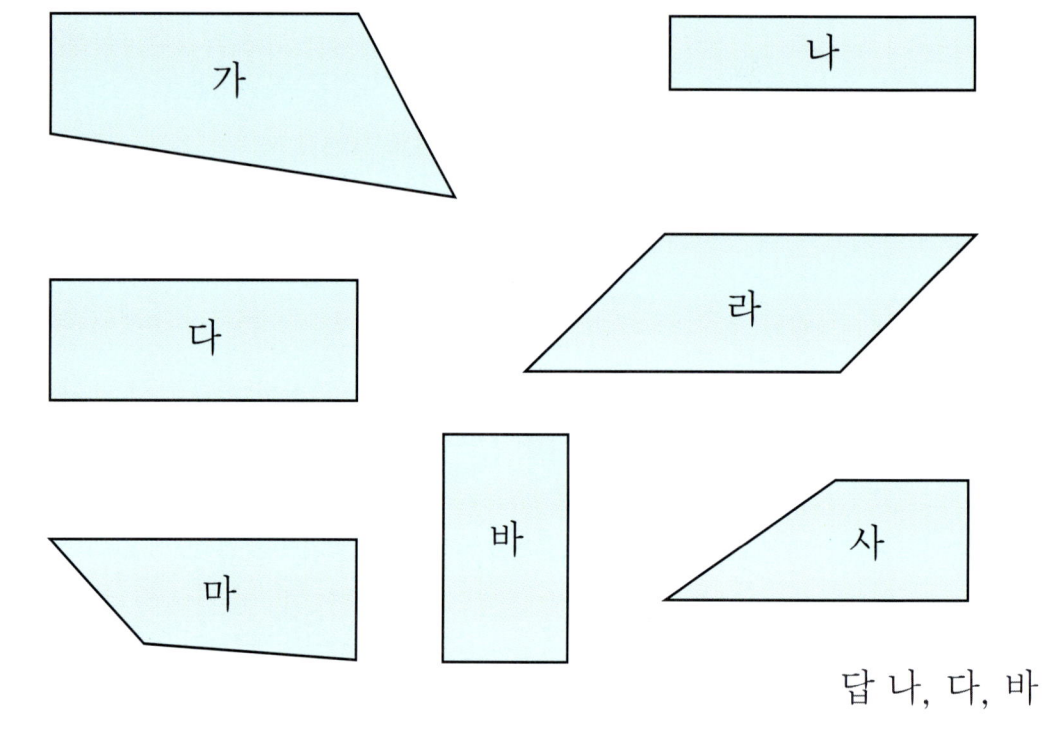

답 나, 다, 바

'**직사각형**'은 네 각이 같은 사각형입니다.
우리 주변에 있는 직사각형을 찾아보세요.

칠판에 적혀 있는 예제를 보세요.
먼저 본보기가 되는 '직사각형 모양'을 아이에게 보여 주세요. 이때 '직사각형'이라고 하지 말고 "이 '긴 사각형'하고 모양이 같은 도형을 찾아보렴."이라고 질문하세요.

그리고 이런 사각형의 공통된 성질을 찾아보지요.

직사각형(긴 사각형)의 성질
· 네 각이 같다.
· 마주 보는 변의 길이가 각각 같다.

이 두 성질은 지금 확실히 머릿속에 기억

대상 학년 : 초등학교 4학년   5-2 평면

【아이에게 이렇게 물어보자】 왼쪽의 예제를 참고로

- '긴 사각형'이 어디 있을까?
- '나, 다, 바'가 긴 사각형이란다.
- 다른 사각형하고 무엇이 다를까?
- 네 각이 모두 직각으로 되어 있네?
- 변의 길이는 어떨까?

- 마주 보는 변이 각각 똑같은 길이로 되어 있네?
- 이런 사각형을 '직사각형'이라고 부른단다.

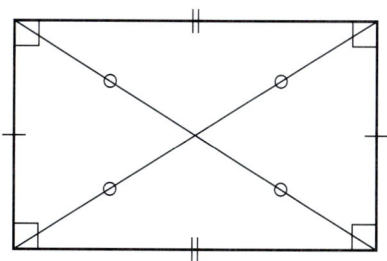

조언 한마디

직사각형의 성질
- 네 각이 같다.
- 마주 보는 변의 길이가 각각 같다.
- 마주 보는 변이 각각 평행이다.
- 대각선의 길이가 같다.
- 대각선이 각각의 한가운데에서 만난다.

해 둬야 합니다. 그리고 나중에 그 공통된 성질을 지닌 '긴 사각형'이 '직사각형'임을 가르쳐 주세요. 또 직사각형에는 다음과 같은 성질이 있어요.
- 마주 보는 변이 각각 *평행이다.
- 대각선의 길이가 같다.
- 대각선이 각각의 한가운데에서 만난다.

그밖에 "꼭짓점과 꼭짓점을 이은 선(대각선)을 2개 만들 수 있지?"라든가 "마주 보는 변을 아주 길게 늘려도 서로 만나지 않지?"라고 말을 걸어 보는 것도 좋습니다.

*평행 : 두 직선(변)을 길게 늘려도 서로 만나지 않는 위치 관계

정사각형

[예제] 다음 도형 중에서 정사각형을 찾아보세요.

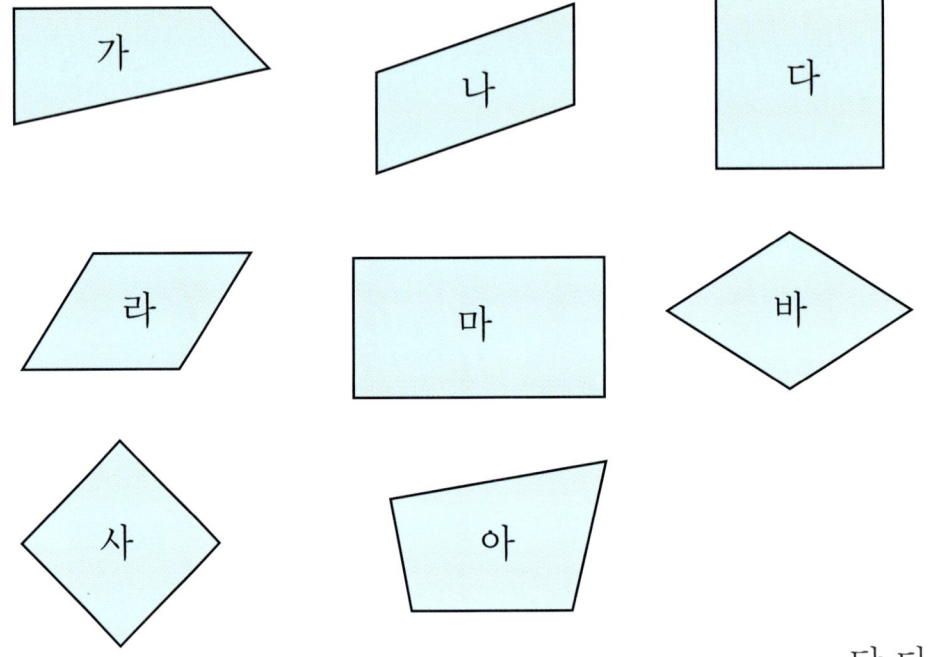

답 다, 사

 **지도 포인트** '정사각형'은 네 각의 크기와 네 변의 길이가 같은 사각형으로, 직사각형의 특별한 경우입니다.

여러 가지 사각형 중에서 '정사각형'을 찾아보세요. 여기에서 중요한 점은 아이에게 '정사각형'이라는 이름을 가르쳐 주지 말고 성질을 발견한 다음에 정식 명칭을 가르쳐 주는 것입니다. "바른 사각형'은 어디 있을까?"라고 물어보세요.

이 말을 사용해서 여러 가지 사각형 중에 정사각형을 찾아내고 그 성질을 발견하도록 유도합니다.

정사각형의 성질
· 네 각의 크기가 같다.
· 네 변의 길이가 같다.

대상 학년 : 초등학교 4학년　　5−2 평면

【아이에게 이렇게 물어보자】 왼쪽의 예제를 참고로

- '바른 사각형'은 어디 있을까?
- '다, 사'가 바른 사각형이란다.
- 다른 사각형하고 어디가 다를까?
- 네 각이 모두 직각으로 되어 있네?
- 하지만 '마'도 네 각이 모두 직각으로 되어 있네?
- 그러면 변의 길이는 어떨까?
- 네 변의 길이가 모두 같네?
- 이런 사각형을 '정사각형'이라고 부른단다.

조언 한마디

정사각형의 성질
- 네 각의 크기가 같다.
- 네 변의 길이가 같다.
- 마주 보는 변이 각각 평행이다.
- 대각선의 길이가 같다.
- 대각선이 각각의 한가운데에서 수직으로 만난다.

여기에서 주의할 점은 마름모꼴과의 구별입니다. 정사각형과 마름모를 구별하는 방법은 각이 직각인가입니다. 자의 모서리 각도를 직각이라고 아이에게 이해시킨 다음 '사'의 각에 맞춰 보면 구별하기 쉽습니다.

또 정사각형에는 다른 성질도 있습니다.
- 마주 보는 변이 각각 평행이다.
- 대각선의 길이가 같다.
- 대각선이 각각의 한가운데에서 *수직으로 만난다.

도형의 성질은 알고 있는데 그것이 어떤 도형과 관련이 있는지 이해하지 못하는 경우가 있습니다. '도형의 인식' → '말의 의미'의 순서로 시간을 들여 가르쳐 주세요.

*수직 : 두 직선이 직각으로 만나는 위치 관계

어른의 의식을 바꿉시다!
아이에게 공부와 놀이는 똑같습니다

"아이에게 공부와 놀이는 똑같습니다."라고 말하면 '정말일까?' 라고 의심하는 독자(엄마)가 많을 것입니다. 그러면 구체적인 예를 들어 보겠습니다.

혹시 '김 수한무~'를 알고 계십니까?

"김 수한무 거북이와 두루미 삼천갑자 동방삭 치치카포 사리사리 센터 워리워리 새뿌리깡 무드셀라 구름이 허리케인에 담벼락 서생원에 고양이 바둑이는 돌돌이~." 아이들을 대상으로 한 인기 텔레비전 방송에서 나오는 장면을 본 분도 계실 겁니다. 유치원 아동이나 초등학교 저학년 정도의 아이들은 이 긴 이름을 너무나도 쉽게 외웁니다. 제 아이도 목욕탕에 들어가면 '김 수한무~'를 중얼거리지요. 리듬감에 맞춰 흥얼대다 보니 자기도 모르게 외워 버리는 것입니다. 하지만 어른들은 그렇게 쉽게 외워지지 않지요.

제가 운영하는 학원에 다니는 초등학생도 대부분도 이 '김 수한무~'를 외웁니다. 수업 중에 '표현력' 강좌라는 것이 있는데, 작문이나 옛날 명문(名文)을 옮겨 적으며 공부합니다. 하지만 그냥 베끼기만 하면 재미가 없기 때문에 암송을 시키기도 합니다. 시간을 재면서 하면 아주 흥미진진해지는데, 이 시점에서 아이들은 학원에서 공부를 하는 것이 아니라 논다는 생각으로 즐겁게 공부하지요.

보호자들은 자신의 아이가 학원에서 공부를 하고 있다고 생각할 것입니다. 하지만 당사자인 아이들은 놀이를 한다는 생각으로 빨리 말하기 경쟁을 즐기고 있습니다. 그리고 나중에는 긴 명문들을 완벽히 외우게 되지요. 어른들은 자신들의 잣대로 공부와 놀이를 엄격히 구별하지만 저학년 아이들에게 그런 구별은 의미가 없습니다. 지금까지의 이야기를 정리하면,

· 아이에게는 공부나 놀이나 차이가 없다.

· 부모 자신이 즐겁다고 생각되는 것을 아이와 함께해 보자.

· 소리 내어 웃는 것만 즐거움이 아니다. 몰랐던 것을 알게 되는 즐거움, 경쟁하는 즐거움, 성취감을 맛보는 즐거움도 있다.

결국 '기분이 좋아지는 것'을 하는 것이 가장 중요하다고 할 수 있습니다.

5-3 입체

블록 198

상자 모양<1>(꼭짓점, 변, 면) 200

상자 모양<2>(전개도) 202

여러 가지 입체 204

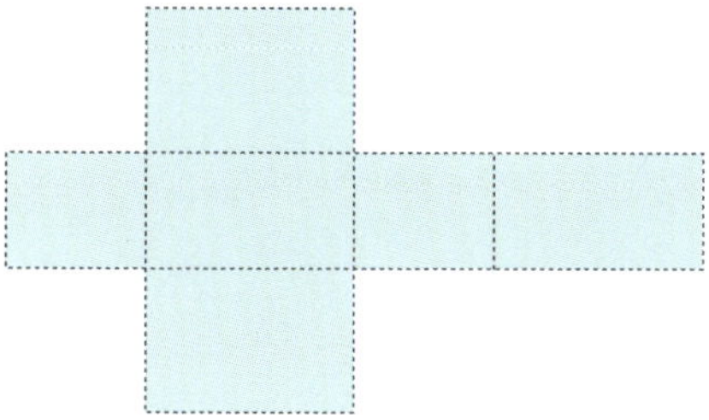

블록

【예제】 다음 그림에서 블록이 몇 개인지 세어 보세요.

①

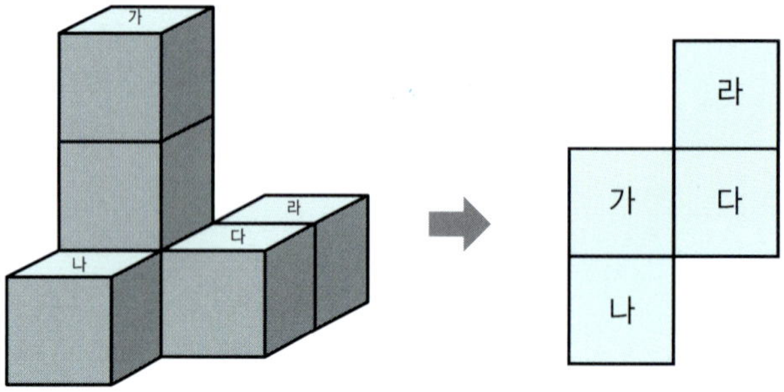

가 … 3단
나 … 1단
다 … 1단
라 … 1단
} 6개

답 6개

②

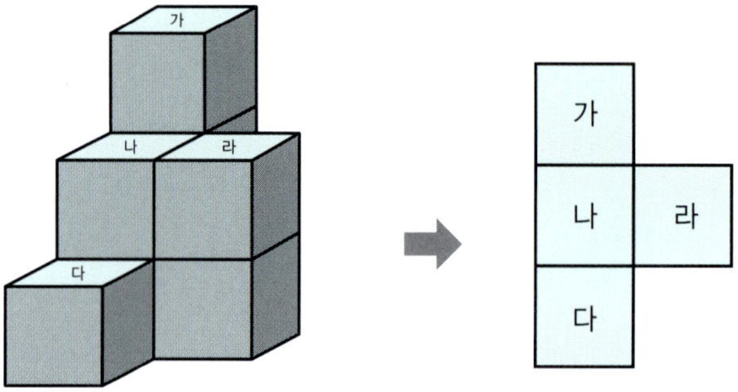

가 … 3단
나 … 2단
다 … 1단
라 … 2단
} 8개

답 8개

지도 포인트: 위에서 내려다본 그림을 그리고, 보이는 면이 몇 개씩 쌓여 있는지 세어 보세요.

지금부터 입체를 공부합니다. 먼저 주사위 모양의 블록을 준비해 그것을 칠판의 예제처럼 쌓아 주세요. 그러면 예제를 자세히 설명하겠습니다.

예제①을 위에서 내려다보면 4개의 정사각형이 보입니다. 다만 정사각형은 초등학교 3학년 때 배우는 말이므로 '바른 사각형'이라는 말을 써도 좋을 것입니다. 이제 이 4개의 정사각형(바른 사각형)을 종이에 옮겨 그립니다. 그리고 각각의 사각형이 블록이 몇 개씩 쌓여 있는지 세어 보세요. '가' 부분에는 3개, '나, 다, 라'

대상 학년 : 초등학교 5학년 5-3 입체

[아이에게 이렇게 물어보자] 왼쪽의 예제①을 참고로

· 블록의 수를 세어 보렴.
· 위에서 내려다보면 '바른 사각형'이 4개 보이지?
  이것을 그림으로 그려 보자.
· '가' 부분에는 블록이 몇 개 쌓여 있을까?
· '가'에는 3개가 쌓여 있지?
· '나, 다, 라'도 블록이 몇 개씩 쌓여 있는지 세어 보자.
· '나, 다, 라'는 전부 1개씩이네.
· 그러면 블록은 모두 몇 개가 될까?
· '3+1+1+1=6'이니까 모두 '6개'가 되는구나.

부분에는 각각 1개의 블록이 있지요. 따라서 블록은 모두 '6개' 임을 알 수 있습니다.
예제①의 도형을 다시 한 번 보기 바랍니다. 실제로 보이는 블록은 5개입니다. 나머지 1개는 '가'의 맨 밑에 숨어 있지요. 이것이 아이들에게는 상당히 까다롭습니다. 숨겨진 1개를 상상하지 못하는 경우도 있지요. 그 때문에라도 위에서 내려다본 그림을 그리고 각 부분에 블록이 몇 개씩 쌓여 있는지 상상하는 작업이 중요한 것입니다.

또 몇 단째의 블록의 수가 몇 개인지도 세어 보세요. 예제①의 경우, 1단에 4개, 2단에 1개, 3단에 1개가 있습니다. 따라서 합계는 '6개' 이지요.
같은 방법을 이용해 예제②에도 도전해 보세요.

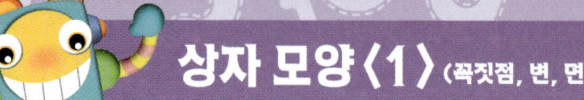

상자 모양 〈1〉 (꼭짓점, 변, 면)

【예제】 다음 그림에는 꼭짓점과 변, 면이 각각 몇 개씩 있을까요?

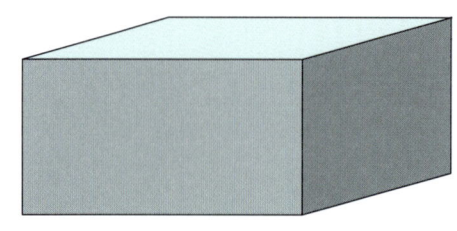

꼭짓점 … 8개
변 … 12개
면 … 6개

↓ 보이지 않는 부분을 점선으로 그린다

조언 한마디
상자 모양은 뒷면이 보이지 않습니다. 실제로 상자를 이용해 세어 보거나 보이지 않는 부분을 점선으로 그려서 세어 보세요.

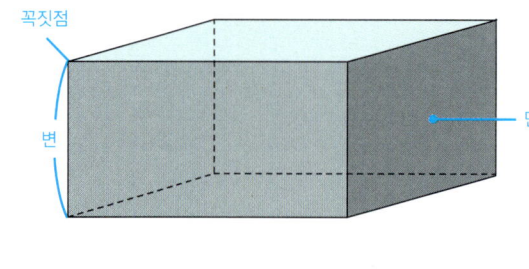

꼭짓점
변
면

지도 포인트 실제로 상자를 가져와 세어 보거나 보이지 않는 부분을 점선으로 그려 상자 모양을 이해합니다.

'입체 도형이 초등학교 저학년에서 배우는 것이라고는 하지만 그것을 머릿속에서 상상하기가 쉽지 않아…….' 라고 생각하는 엄마도 있지는 않을는지…….
상상력이 풍부한 아이들이라고 해도 처음부터 상상이 가능한 것은 아니랍니다.

상상이란 '규칙성의 발견'이며, 지금까지의 경험을 바탕으로 보이지 않는 것을 예측하는 것이지요.
먼저, 상자 모양을 이해하려면 실제 상자를 준비해 생각하는 것이 중요합니다. 집에서 가장 쉽게 접할 수 있는 상자라면

대상 학년 : 초등학교 5학년 5-3 입체

[아이에게 이렇게 물어보자] 왼쪽의 예제를 참고로

- 이 상자에는 꼭짓점이 몇 개 있을까?
- 보이는 꼭짓점은 7개가 있지?
- 보이지 않는 부분을 상상해 보렴.
- 뒷면에 꼭짓점이 1개 있으니까 모두 합치면 8개구나.
- 변은 모두 몇 개일까?
- 보이는 변이 9개이고 보이지 않는 변이 3개니까 모두 12개구나.
- 면은 몇 개일까?
- 보이는 면이 3개이고 보이지 않는 면이 3개니까 모두 6개란다.

티슈 상자가 있겠지요. 그러니 티슈 상자를 준비해서 칠판에 적혀 있는 예제와 같이 꼭짓점과 변, 면의 수를 생각해 보세요. 꼭짓점과 변에 대해서는 '꼭짓점, 변, 각'을 참조해 주세요.

여기에서 중요한 점은 보이지 않는 부분의 꼭짓점과 변, 면도 잊지 말고 세어야 한다는 것입니다. 어른들은 상자 모양을 완전히 인식하고 있으니까 보이지 않는 상자의 뒷부분을 쉽게 상상할 수 있습니다. 하지만 경험이 적은 아이들에게 보이지 않는 부분은 그저 보이지 않는(이해할 수 없는) 부분일 뿐이지요. 그러므로 예제의 아래 그림처럼 보이지 않는 부분을 점선으로 그려 주는 것이 중요합니다. 그리고 실제로 상자를 이용해 설명해 주는 것이 아이의 이해를 깊게 하는 가장 좋은 방법이랍니다.

상자 모양 〈2〉 〈전개도〉

【예제】 다음 그림을 조립하면 어떤 상자가 될까요?

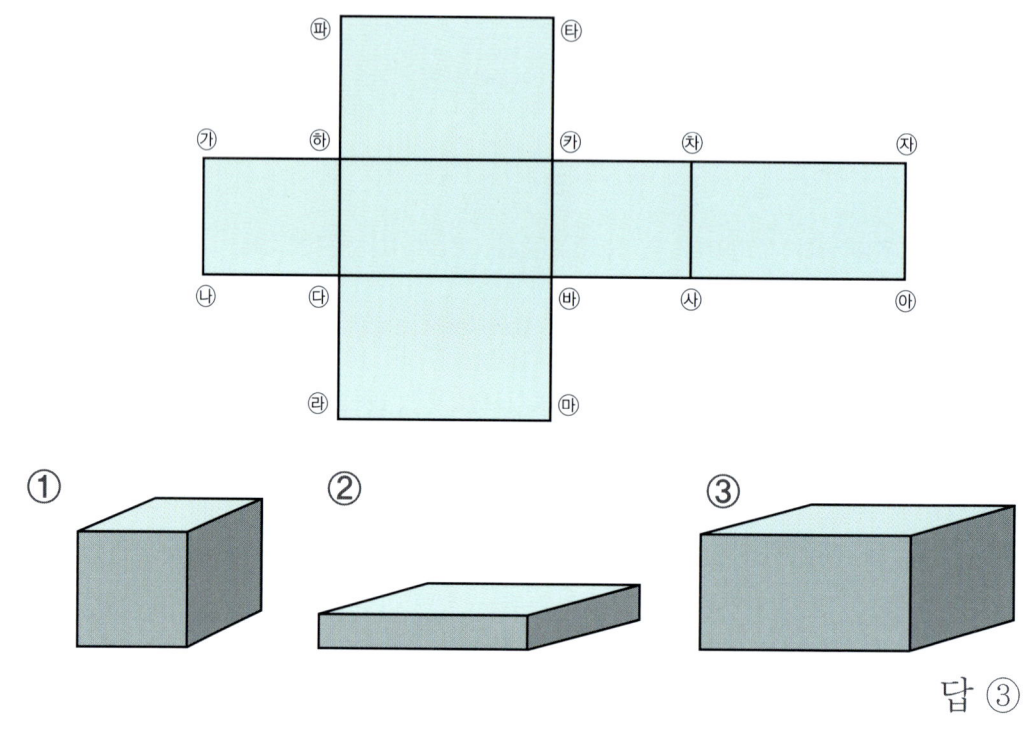

답 ③

입체를 잘라서 펼친 평면으로 만든 그림을 '전개도'라고 합니다. 조립했을 때 맞닿는 부분을 생각해 보세요.

입체 상자를 잘라서 평면이 되도록 펼친 그림을 '전개도'라고 합니다.
이번에도 이해도를 높이기 위해 티슈 상자를 이용해 보지요. 먼저 예제와 같이 상자를 잘라서 펼쳐 전개도를 만들어 주세요. 다음에는 이 전개도를 다시 한 번

입체 모양으로 조립해 '어떤 점과 어떤 점이 맞닿는지', '어떤 변과 어떤 변이 맞닿는지' 아이에게 확인시켜 주세요. 전개도를 조립하고 펼치기를 반복함으로써 아이가 스스로 '맞닿는 부분'을 발견할 수 있도록 도와주세요. 만약 아이가

대상 학년: 초등학교 5학년　5-3 입체

[아이에게 이렇게 물어보자] 왼쪽의 예제를 참고로

- 티슈 상자를 잘라서 전개도를 만들어 보자.
- '가' 점하고 맞닿는 점은 어떤 점일까?
- '가' 점은 '자'하고 '파' 점과 맞닿는구나.
- '나' 점하고 맞닿는 점은 어떤 점일까?
- '나' 점은 '아'하고 '라' 점과 맞닿는구나.
- '가'에서 '나'까지의 변하고 맞닿는 변은 어떤 변일까?
- '자'에서 '아'까지의 변이 맞닿는구나.

조언 한마디
머릿속에서 조립하기가 힘들 때는 실제로 전개도를 만들어 조립해 보세요.

'맞닿는 부분'을 좀처럼 발견해 내지 못할 때는 상자를 조립한 상태에서 맞닿는 변에 색을 칠해 주면 커다란 힌트가 될 것입니다.

이번에는 꼭짓점을 살펴보도록 하지요. 하나의 꼭짓점에는 몇 개의 변이 모여 있을까요? 답은 '3개씩' 입니다. 입체 도형을 보고 있으면 별로 어렵지 않은 질문이지만, 도형을 보지 않으면 아이들은 상상하기가 쉽지 않답니다. 작은 것이지만 차근차근 발견해 나가는 것이 상상력으로 이어지게 되지요.

그러면 문제를 하나 더 내겠습니다. 전개도를 조립했을 때 서로 이웃한 면은 어떤 위치 관계에 있을까요? 답은 '수직' 입니다. 여기에서는 수직이라는 말을 새로 가르쳐 주기보다는 이웃한 면이 '직각' 이 된다고 이해시켜 주세요.

여러 가지 입체

【예제】 다음 그림을 정면에서 본 그림과 위에서 내려다본 그림으로 나타내 보세요.

①
주스-주스 캔

②
파티용 고깔모자

③
과자-과자 상자

정면

위

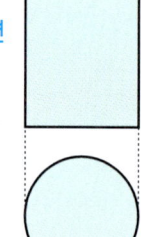
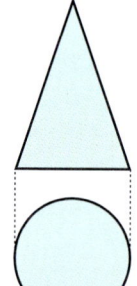
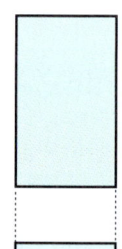

지도 포인트
입체를 위에서 내려다본 모양과 정면에서 본 모양을 바탕으로 그것이 어떤 입체인지 생각해 보세요.

입체를 이해시키기 위해 다음과 같은 문제를 내면 어떨까요?
"정면에서 보면 삼각형이고 위에서 내려다보면 동그라미인 물건이 있단다. 과연 무엇일까?"
아이마다 다양한 대답을 할 것입니다.

칠판에 적혀 있는 예제②에 나온 파티용 고깔모자일 수도 있고, 고깔 모양의 크래커일 수도 있으며, 연필 끝도 이런 모양을 하고 있습니다. 그밖에도 예제의 주스 캔이나 과자 상자처럼 정면과 위에서 본 그림을 그려 재미있는 퀴즈를 만

대상 학년 : 초등학교 6학년   5-3 입체

[아이에게 이렇게 물어보자] 왼쪽의 예제를 참고로

- ①, ②, ③의 모양을 정면에서 보면 어떤 모양이 될까?
- ①은 사각형, ②는 삼각형, ③은 사각형. ①하고 ③은 같은 모양으로 보이는구나.
- 그러면 위에서 내려다볼 때는 어떤 모양으로 보일까?
- ①은 동그라미, ②도 동그라미, ③은 사각형. ①하고 ②가 같은 모양으로 보이는구나.
- 정면이나 위에서 내려다볼 때는 똑같은 모양으로 보여도 실제 입체는 다른 모양일 때가 있단다.

조언 한마디

우리 주변에 있는 물건을 정면에서 보거나 위에서 내려다보고 그림을 그려 보세요.

들어 보세요.

여러 가지 입체를 다양한 각도에서 바라보고 그림을 그려 보세요. 부모와 아이가 같이 생각해 보면 입체에 대한 이해가 더욱 깊어질 것입니다.

그러면 엄마에게 퀴즈를 내겠습니다. "정면에서 보면 삼각형이고 위에서 내려다봐도 삼각형인 것은 무엇일까요?" 바로 대답할 수 있나요? 답의 예 중 하나로는 옛날에 많이 먹었던 '삼각형 커피우유'가 있습니다.

다양한 입체를 정확하게 인식하는 것은 아이들에게 간단하지 않습니다. 하지만 평소부터 입체를 다양한 각도에서 파악하는 습관을 들이면 이 학습 항목을 어려움 없이 통과할 수 있을 것입니다.

단위

제6장

6-1　길이 207

6-2　무게 219

6-3　부피 227

6-4　시각과 시간 233

● 칼럼
　심부름이나 장보기는 생각하는 힘을 길러 줄 절호의 기회입니다 218
　'공통성의 인식' 과 '규칙성의 발견' 을 통해 예측할 수 있게 됩니다 226
　머릿속에 칸막이를 만들어 발상과 생각을 늘려 나갑시다 232

6-1 길이

- 길이<1> (어느 것이 더 길까?) ····· 208
- 길이<2> (센티미터(cm)) ····· 210
- 길이<3> (밀리미터(mm)) ····· 212
- 길이<4> (미터(m)) ····· 214
- 길이<5> (킬로미터(km)) ····· 216

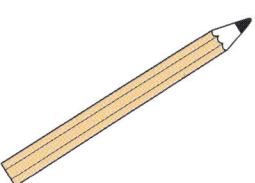

길이 〈1〉 〈어느 것이 더 길까?〉

【예제】 가장 긴 것은 어느 것일까요?

①

연필의 길이 …… 9칸
지우개의 길이 …… 2칸
가위의 길이 …… 5칸

답 연필

②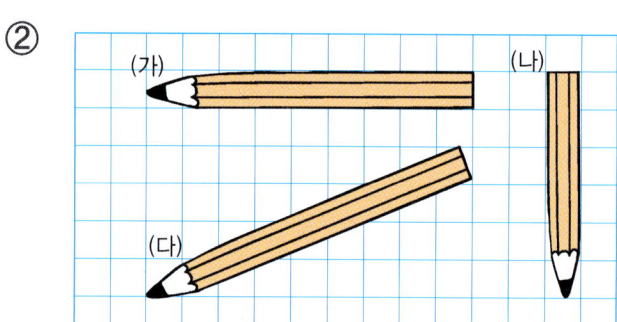

(가)의 길이 …… 9칸
(나)의 길이 …… 6칸
(다)의 길이 …… 9칸(대각선)

(가)보다 길다는 것을 알 수 있다

답 (다)

지도 포인트 눈으로 비교한 길이를 모눈종이 위에 올려놓고 확인해 보세요.

지금부터는 단위에 대해 공부하도록 하겠습니다. 먼저 '길이'에 대해 생각해 보지요.
'길이'에는 여러 가지 단위가 있습니다. 공부할 '밀리미터(mm),', '센티미터(cm)', '미터(m)'가 있습니다. 또 외국에는 '인치(inch)'나 '피트(feet)'를 사용하는 나라도 있지요. 이처럼 길이 단위는 다양합니다. 그런데 이렇게 많은 길이 단위를 초등학생이 사용해야 하는 것은 아닙니다. 여기에서 중요한 점은 두 개의 물건을 비교할 때 '어느 쪽이 긴가?'를

대상 학년 : 초등학교 2학년　　6-1 길이

【아이에게 이렇게 물어보자】 왼쪽의 예제①을 참고로

· 연필하고 지우개하고 가위의 길이를 비교해 보자.
　먼저 그냥 봤을 때 어느 게 제일 길지 생각해 보렴.

· 그러면 모눈종이 위에 올려놓아 보자.

· 연필이 9칸, 지우개가 2칸, 가위가 5칸이네.
　그러니까 연필이 가장 길구나.

· 이렇게 모눈종이 위에 올려놓으면 어느 게 더 긴지 금방 알 수 있단다.

조언 한마디
칸의 수가 같을 때는 대각선으로 놓인 것이 더 깁니다.

정확히 비교할 수 있느냐는 것입니다. 그러면 칠판의 예제를 보기 바랍니다. 우리 주변의 문방구를 가지고 길이를 비교해 보지요. 처음에는 아이에게 눈짐작만으로 '어느 것이 더 긴가?'를 물어보세요. 그런 다음 ①처럼 모눈이 쳐진 종이 위에 놓고 몇 칸을 차지하는지 확인합니다. 그리고 다시 한 번 '어느 것이 더 긴가?'를 물어보세요.

그러면 ②와 같은 비교는 어떨까요? (가)와 (다)는 가로 칸 수를 비교하면 9칸으로 똑같습니다. 하지만 칸은 같아도 비스듬히 놓여 있는 (다)가 더 길지요.
우리 주변의 사물을 이용해 눈짐작으로 비교하거나 모눈 위에서 비교하는 연습을 시켜 주세요.

길이 〈2〉 〈센티미터(cm)〉

【예제】 길이를 재어 보세요.

①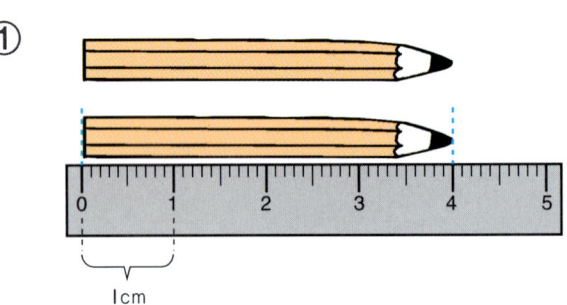

답 4cm

②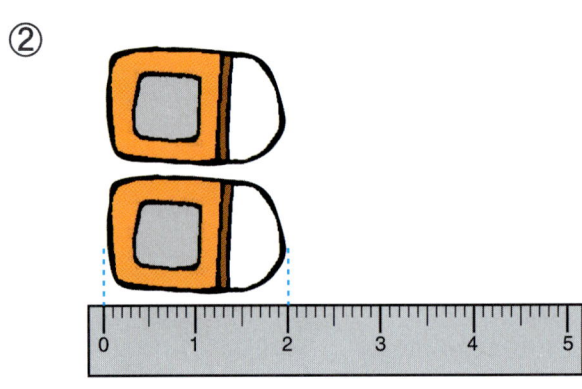

답 2cm

지도 포인트 자를 사용해 길이를 잴 때는 자를 대는 위치에 주의해 주세요.

이번에는 자를 사용하는 법을 연습하겠습니다. 먼저 자를 준비해 주세요. 아이들이 좋아하는 캐릭터가 들어간 자도 좋습니다. 처음에는 두께가 얇은 것이 쓰기 편할 것입니다.

그러면 자를 사용해 주변에 있는 여러 가지 물건들을 재어 보세요. 이때 주의할 점은 재고 싶은 물건의 끝을 자의 '0'에 정확히 맞추는 것입니다.

칠판에 적혀 있는 예제①을 보기 바랍니다. 연필의 한쪽 끝을 '0'에 맞추자 연필심의 뾰족한 부분이 '4'라고 써 있는 눈

대상 학년 : 초등학교 2학년　6-1 길이

【아이에게 이렇게 물어보자】 왼쪽의 예제①을 참고로

· 연필의 길이를 자로 재어 보자. 연필 끝을 자의 '0'에 맞추고 길이를 재어 보렴.

· 연필심이 눈금의 '4'라고 써 있는 곳까지 와 있네.

· 자에 써 있는 숫자는 '센티미터(cm)'라는 단위란다.

· 그러니까 연필의 길이는 '4cm'가 된단다.

조언 한마디

길이를 나타내는 단위 센티미터(cm)는 숫자의 절반 정도의 크기로 씁니다.

금까지 왔습니다. 따라서 연필의 길이는 '4cm'임을 알 수 있지요. '0'에 정확히 맞추지 않거나 길이를 재는 도중에 자가 움직여 버리면 정확한 길이를 잴 수가 없습니다.

아이가 차분하게 길이를 재도록 지도해 주세요. 또 자의 눈금을 읽을 때는 자를 바로 위에서 내려다봐야 합니다. 비스듬하게 눈금을 읽으면 오차가 생길 수 있습니다.

길이 〈3〉 〈밀리미터(mm)〉

【예제】 연필의 길이를 재어 보세요.

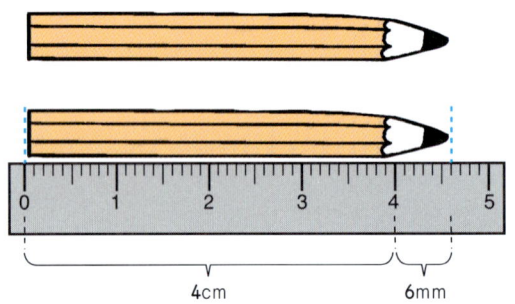

답 4cm 6mm

1cm = 10mm

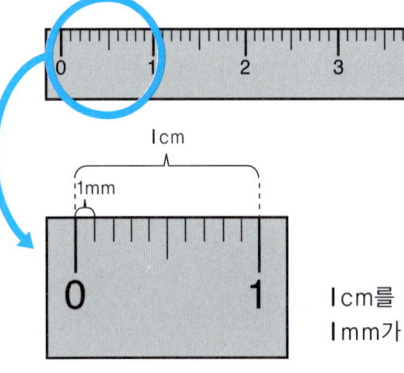

1cm를 10등분한 길이가 1mm
1mm가 10개 모이면 1cm가 된다

'cm'만으로 나타낼 수 없을 때는 'mm'를 이용합니다.
1밀리미터는 1센티미터를 10등분한 길이입니다.

실제로 물건의 길이를 잴 때, 'ㅇㅇcm'라고 정확히 떨어질 때는 그리 많지 않습니다. 앞에서 'cm'라는 단위만으로는 길이를 정확히 잴 수 없는 물건들이 있지요. 그래서 등장하는 단위가 '밀리미터(mm)'입니다. 이것은 1센티미터를 10등분한 길이입니다.

칠판에서 보듯이 자를 잘 살펴보면 'cm' 단위의 숫자와 숫자 사이가 같은 간격으로 10등분되어 있습니다. 이것이 'mm'라는 단위입니다. 칠판에 나온 예제의 경우, 연필의 길이를 재어 보면 'ㅇㅇcm'

대상 학년 : 초등학교 2학년   6-1 길이

【아이에게 이렇게 물어보자】 왼쪽의 예제를 참고로

· 연필을 길이를 재어 보자.
· 연필 끝이 4센티미터하고 5센티미터 사이에 있네?
· 4센티미터보다 길고 5센티미터보다는 짧다는 뜻이구나.
· 자의 눈금을 잘 보렴. '센티미터(cm)'보다 더 작은 눈금이 있지? 이 눈금 하나의 길이를 '1밀리미터(mm)'라고 한단다.
· 1밀리미터는 1센티미터를 10등분한 거야.
· 그러니까 연필의 길이는 '4cm 6mm'란다.

조언 한마디
1cm를 10등분한 길이를 '1mm'라고 합니다. 즉 '1cm=10mm'인 것이지요.

라고 딱 떨어지지 않습니다. 확대해서 보면 연필 끝이 4센티미터와 5센티미터 사이에 있으면서 등 간격으로 나눠진 눈금 중 여섯 번째 칸의 위치에 와 있지요. 'cm'의 사이는 'mm'이므로 이 연필의 길이는 '4cm 6mm'임을 알 수 있습니다. '1cm'를 등 간격으로 10등분하면 '1mm'라는 말은 다시 말해 '1mm'가 10개 모이면 '1cm'가 된다는 뜻입니다. 이 두 단위의 관계를 확실하게 이해해 두면 다음에 배울 큰 단위를 공부할 때 도움이 될 것입니다.

【예】
1cm=10mm
3cm=30mm
2cm 5mm=25mm
40mm=4cm
55mm=5cm 5mm

길이 〈4〉 (미터(m))

【예제】 다음 괄호에 들어갈 수는 무엇일까요?

① 6m = (　　)cm

② 2m 68cm = (　　)cm

③ 504cm = (　　)m (　　)cm

$$1m = 100cm$$

① 6m는 1m가 6개, 그리고 '1m=100cm' 이므로 답은 600cm가 된다

② 2m 68cm를 2m와 68cm로 나눈다
　2m는 1m가 2개이므로 200cm가 된다
　여기에 남은 68cm를 더하면 답은 268cm가 된다

③ 504cm를 500cm와 4cm로 나눈다
　500cm는 100cm가 5개이므로 5m 가 된다
　여기에 나머지 4cm를 더하면 답은 5m 4cm가 된다

답
① 600 (cm)
② 268 (cm)
③ 5 (m) 4 (cm)

지도 포인트 보통 자로 재기 힘든 것은 줄자를 이용합니다.
긴 것은 '미터(m)' 라는 단위를 써서 나타냅니다.

구부러진 물건의 길이를 잴 때나 일반 자보다 긴 물건을 잴 때는 줄자를 이용하면 편리하지요. 줄자에는 '센티미터(cm)' 보다 큰 단위인 '미터(m)' 가 있습니다.
'1미터' 는 1센티미터가 100개 모여서 만든 단위입니다. 즉, '1m=100cm' 입니다.

그러면 이 기본을 이용해 칠판의 예제를 풀어 보지요.
예제①은 기본인 '1m=100cm' 를 이해하면 쉽게 풀 수 있습니다. '6m' 는 '1m' 가 6개, 그리고 '1m=100cm' 이므로 답은 600cm가 됩니다.

6-1 길이

【아이에게 이렇게 물어보자】

- 아빠의 허리 사이즈는 몇일까?
- 허리 사이즈는 자로 잴 수가 없지?
- 자보다 긴 것을 잴 때나 구부러진 것을 잴 때는 줄자를 쓰면 쉽게 길이를 잴 수 있단다.
- 긴 것을 잴 때는 '미터(m)'라는 단위를 쓴단다. 줄자의 눈금을 보렴. 90센티미터에서 10센티미터가 늘어나니까 1미터라고 써 있지? 즉 '1m=100cm'란다.

> **조언 한마디**
>
> *1cm가 100개 모인 길이를 1m라고 합니다.*
> *즉 '1m=100cm'인 것이지요.*

예제②에는 'm'와 'cm'의 두 단위가 사용되었습니다. 아이들이 처음부터 이 예제를 'cm'로 바꾸는 것은 힘든 일이지요. 먼저 '2m 68cm'를 '2m'와 '68cm'로 나누는 것부터 시작해 주세요. 그리고 '2m'를 '200cm'로 고친 다음 여기에 나머지 '68cm'를 더하면 268cm라는 답을 구할 수 있습니다.

예제③은 ②의 반대 유형입니다. 여기에서는 '묶음'이라는 개념이 중요합니다. 즉 '100cm'를 '1m'라는 하나의 묶음이라고 생각하는 것이지요. 먼저 '504cm'를 '500cm'와 '4cm'로 나눕니다. 그리고 한 번 더 묶음을 생각합니다.
'500cm'는 '1m(100cm)의 묶음'이 5개이므로 '5m', 그리고 나머지는 '4cm'입니다. 따라서 답은 5m 4cm이지요.

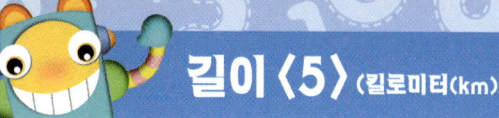

길이 〈5〉 (킬로미터(km))

[예제] 다음 괄호에 들어갈 수는 무엇일까요?

① 3km = (   )m

② 5km 409m = (   )m

③ 5km 700m + 2km 400m = (   )km(   )m

$1km = 1000m$

① 3km는 1km가 3개, 그리고 '1km=1000m'이므로 답은 3000m가 된다

② 5km 409m를 5km와 409m로 나눈다
5km는 1km가 5개이므로 5000m가 된다
여기에 나머지 409m를 더하면 답은 5409m가 된다

③ 5km 700m + 2km 400m
700m+400m=1100m
5km+2km=7km

= 7km + 1100m

= 7km + 1km 100m
7km+1km=8km

= 8km 100m

'km'와 'm'의 숫자를 각각 더한다
↓
1100m를 1km100m로 고쳐 쓴다
↓
7km와 1km100m를 더한다
↓
답은 8km100m가 된다

답 ① 3000(m)   ② 5409(m)   ③ 8(km) 100(m)

지도 포인트 거리를 나타낼 때는 '킬로미터(km)'라는 단위를 사용합니다.

드디어 가장 큰 거리 단위인 '킬로미터(km)'가 등장합니다. 엄마에게 질문을 드리겠습니다. "1킬로미터는 몇 미터일까요?" 간단하지요? 답은 1000미터입니다. 그런데 지금까지 공부를 하면서 어떤 규칙성을 깨닫지 못했나요?

1센티미터는 10밀리미터
1미터는 100센티미터
1킬로미터는 1000미터

오른쪽의 숫자가 '10 → 100 → 1000'으로 '0'이 하나씩 늘어났습니다. 아이가 스스로 이 규칙성을 발견할 수 있도록 이

대상 학년 : 초등학교 3학년   6-1 길이

【아이에게 이렇게 물어보자】

· 집에서 학교까지 거리는 어느 정도일까?

· 이건 자나 줄자로 재기가 힘들겠지?

· 거리를 나타낼 때는 '킬로미터(km)'를 사용한단다. '1km=1000m'야.

· 길이의 단위는 여러 가지란다. '1cm=10mm', '1m=100cm', '1km=1000m'. 이것만큼은 정확히 기억해 두렴.

조언 한마디

1m가 1000개 모인 길이를 1km라고 합니다.
즉 '1km=1000m' 인 것이지요.

끌어 주세요.

그러면 칠판의 예제를 살펴보지요. 단위를 한번에 고치려고 하지 말고 나눠서 생각하면 이해하기 쉽습니다. 'km'는 주로 거리의 단위로 많이 쓰이지요. 그런데 '학교에서 집까지의 거리는?' 이라는 질문은 사실 두 가지 의미로 생각할 수 있답니다. 하나는 실제로 걷거나 달린 길의 길이이고, 다른 하나는 두 지점을 직선으로 이은 길이(최단거리)랍니다. 평소에는 특별히 구분하지 않고 별 생각 없이 쓰지만, 사실이 두 가지 의미에는 커다란 차이가 있지요.

1cm=10mm
1m=100cm
1km=1000m

'mm', 'cm', 'm', 'km'의 관계를 아이가 정확히 기억하도록 지도해 주세요.

심부름이나 장보기는 생각하는 힘을 길러 줄 절호의 기회입니다

'심부름은 공부의 기회다.' 이것은 '공부와 놀이는 같다.' 와도 통하는 생각입니다. 엄마의 요리 심부름을 하는 경우를 생각해 보지요. 이것은 수학 공부에 안성맞춤입니다.
"핫케이크를 1인분을 만드는 데 우유 100그램하고 달걀 1개가 필요하단다. 지금부터 3인분을 만들 거야. 그러면 우유는 몇 그램이 필요하겠니?"
답은 300그램입니다.
"그러면 달걀은 몇 개 필요할까?"
답은 3개입니다.
1인분에 달걀 1개이므로 3인분에는 3개. 이것은 곱셈입니다. 또 우유 100그램에 대해 달걀이 1개. 이것은 나중에 배우는 '비의 계산' 과도 관계가 있지요.
이번에는 다른 각도에서 생각해 보겠습니다. 단도직입으로 말하자면 '용돈' 이지요. 아이들은 언제나 용돈을 원합니다. "저녁 시간이 가까워졌네. 엄마 대신 슈퍼마켓에 가서 ○○을 사다 주면 용돈을 줄게."라든가 "아빠 어깨를 주무르면 용돈을 줄지도 몰라." 같은 말을 아이에게 살짝 속삭여 주면 어떨까요?
'내가 먹을 핫케이크 3인분을 만들려면 우유는 몇 그램이 필요하겠구나.' 라든가 '어떻게 하면 용돈을 받을 수 있을까?' 등, 아이들은 자신이 좋아하는 일에 무섭게 열중합니다. 이것을 이용하지 않을 이유가 없지요. 아이에게 요리와 심부름, 공부는 놀이와 마찬가지입니다. 일상 속의 다양한 재료를 활용해 아이에게 생각하는 습관을 길러 주세요.
앞에서도 말했지만, 생활이 편리해져 생각을 많이 하지 않아도 되는 세상이 되었습니다. 하지만 우리 주변을 조금만 둘러보면 아이들의 생각을 유도할 재료가 얼마든지 있답니다.

6-2 무게

무게<1> (어느 쪽이 무거울까?) **220**

무게<2> (그램(g), 킬로그램(kg)) **222**

무게<3> (눈금) **224**

무게 〈1〉 (어느 쪽이 무거울까?)

【예제】 체중이 무거운 순서대로 나열해 보세요.

①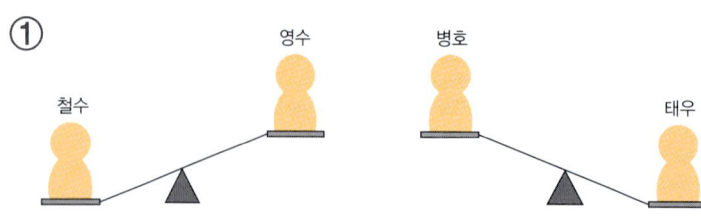

①에서
가장 무거운 아이는
철수 아니면 태우

가장 가벼운 아이는
영수 아니면 병호

②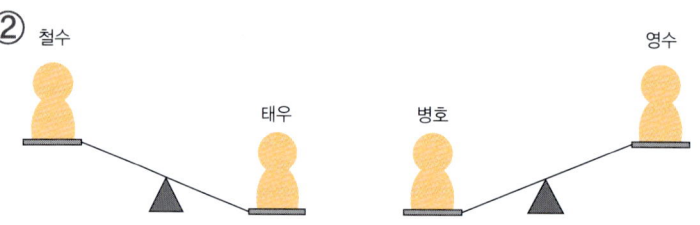

②에서
가장 무거운 아이는
태우

가장 가벼운 아이는
영수

③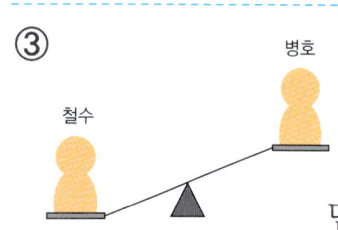

③에서
두 번째로 무거운 아이는
철수

세 번째로 무거운 아이는
병호

답 태우, 철수, 병호, 영수

지도 포인트
순서를 따라 생각하는 것이 중요합니다.
키 워드는 '가능성' 입니다.

지금부터는 '무게'에 대해 공부하겠습니다. '어느 쪽이 무거운가.'를 판단할 때는 칠판의 예제처럼 실제로 무게를 재어 보는 것이 알기 쉽습니다. 몇 개의 '물건'의 무게를 비교할 때는 순서에 따라 생각하는 것이 중요하지요.

먼저 4명을 '철수와 영수', '병호와 태우'로 두 사람씩 나눕니다. 철수와 영수의 무게를 비교했더니 철수가 더 무거운 것을 알게 되었습니다. 그리고 마찬가지로 병호와 태우 중에서는 태우가 더 무거운 것을 알았습니다. 따라서 가장 무거울

대상 학년 : 초등학교 4학년   6-2 무게

【아이에게 이렇게 물어보자】 왼쪽의 예제를 참고로

· ①에서 누구하고 누가 몸무게 겨루기에서 이겼지?
· 철수하고 태우였지?
· 그러면 누구하고 누가 졌을까?
· 그래, 영수하고 병호야.
· ②를 보면 1위와 4위를 알 수 있단다.
· 1위는 태우고 4위는 영수야.
· 그리고 ③을 보면 2위와 3위도 알 수 있지.
· 2위는 철수, 3위는 병호란다.

> **조언 한마디**
> 무거운 순서대로 나열하는 것이므로 '무거운 사람이 승자' 라고 생각하세요.

가능성이 있는 아이는 철수와 태우이지요. 또 가장 가벼울 가능성이 있는 아이는 영수와 병호입니다.
다음에는 가장 무거울 가능성이 있는 두 사람을 비교했더니 태우가 더 무거움을 알게 되었고, 마찬가지로 가장 가벼울 가능성이 있는 두 사람을 비교했더니 영수가 가장 가벼움을 알았습니다. 이제 태우가 가장 무겁고 영수가 가장 가볍다는 사실은 알았습니다. 남은 것은 철수와 병호 중에 누가 더 무거운가를 비교하는 것이지요.
예제③에서 알 수 있듯이 철수가 더 무거우므로, 4명을 무거운 순서대로 나열하면 태우 → 철수 → 병호 → 영수입니다.
이 단원의 핵심은 '가능성'을 찾아내 순서에 따라 생각하는 것입니다.

무게 〈2〉 〈그램(g), 킬로그램(kg)〉

[예제] 다음 괄호 안에 들어갈 수는 무엇일까요?

① 7kg = (   )g

② 5060g = (   )kg (   )g

③ 4800g + 3kg 700g = (   )kg (   )g

$$1kg = 1000g$$

① 7kg은 1kg이 7개, 그리고 '1kg=1000g'이므로 답은 7000그램이 된다

② 5060g을 5000g과 60g으로 나눈다
5000g은 1000g이 5개이므로 5kg이 된다
여기에 나머지 60g을 더하면 답은 5kg 60g이 된다

③ 4800g + 3kg 700g　　3kg 700g을 3700g으로 고쳐 쓴다
= 4800g + 3700g　　4800g과 3700g을 더한다
= 8500g　　8500g이 된다
= 8000g + 500g　　8500g을 8000g과 500g으로 나눈다
= 8kg + 500g　　8000g은 1000g이 8개이므로 8kg이 된다
= 8kg 500g　　나머지 500g을 더하면 답은 8kg 500g이 된다

답　① 7000(g)　② 5(kg) 60(g)　③ 8(kg) 500(g)

지도 포인트　무게를 나타내는 단위는 '그램(g)', '킬로그램(kg)'입니다. 그리고 두 단위의 관계는 '1kg=1000g'입니다.

무게와 길이의 단위는 매우 비슷합니다. '1km=1000m', '1kg=1000g' 단위에 'k'가 붙으면 1000배가 되지요. 칠판의 예제①은 7kg의 'k'가 1000배라는 뜻이므로 7000g이 됩니다.
예제②는 먼저 '5060g'을 '5000g'과 '60g'으로 나눕니다. 그리고 '5000g'을 예제①과 반대로 'g'에서 'kg'으로 바꾸면 5kg이 되지요. 이제 나머지 60g을 더하면 '5kg 60g'이 됩니다.
예제③과 같이 단위가 다른 계산을 생각해 보지요. 중요한 점은 모두 'g' 단위로

6-2 무게

[아이에게 이렇게 물어보자]

· 우리 ○○이는 몸무게가 ○○킬로그램이지?

· 그러면 1원짜리 동전의 무게가 얼마인지 아니?

· 1원짜리 동전의 무게는 약 1그램이란다.

· 둘 다 무게인데 단위가 다르네?

· '1km=1000m' 였던 것은 기억하니?

· 'km, m'는 길이의 단위였지?

· 무게도 길이와 마찬가지로 'k'가 붙으면 1000배가 된단다. 그래서 '1kg=1000g'이 되는 거야.

조언 한마디

3g 6kg

'1kg=1000g'이 됩니다. 무게를 나타내는 단위인 그램(g), 킬로그램(kg)은 숫자의 절반 정도 크기로 씁니다.

바꾸는 것입니다. 4800g은 단위가 'g'이므로 그대로 놔둡니다. 그리고 3kg 700g을 3700g으로 고치지요. 그러면 4800(g)+3700(g)이 되어 8500g이 나옵니다. 이제 8000g과 500g으로 나누고 8000g을 'kg'으로 바꿉니다. 그러면 8kg이 되지요. 그리고 여기에 남은 500g을 더하면 '8kg 500g'이 됩니다.
예제③을 푸는 다른 방법도 있어요. 먼저 4800g을 4kg 800g으로 바꿉니다. 그리고 4kg 800g+3kg 700g을 계산합니다. 그러면 (4+3)kg (800+700)g이 되므로 7kg 1500g이 나옵니다.
단, 1500g은 1kg 500g으로 바꿀 수 있으므로 (7+1)kg 500g, 즉 '8kg 500g'을 구할 수 있습니다.

무게 〈3〉 (눈금)

[예제] 다음 저울의 눈금을 읽어 보세요.

①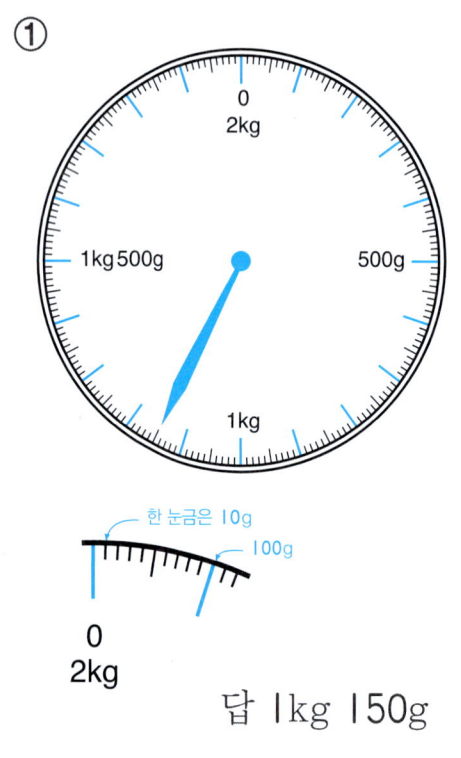

답 1kg 150g

②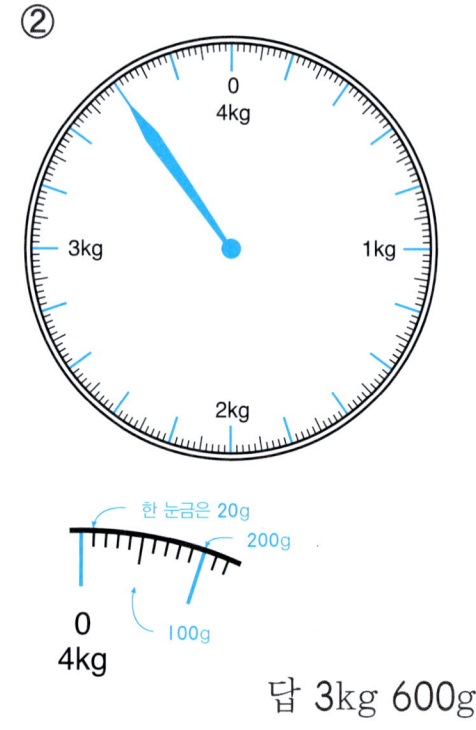

답 3kg 600g

한 눈금이 몇 그램을 나타내는지 생각해 보세요.
저울에 따라 눈금 하나가 나타내는 무게가 다릅니다.

눈금을 읽는 도구는 '길이'에서 배웠습니다. 자는 한 눈금이 1밀리미터(mm)였지요. 하지만 무게를 재는 '저울'은 칠판의 예제①, ②처럼 한 눈금에 1그램(g)이 아닐 경우가 있습니다. 따라서 먼저 한 눈금이 몇 그램인지를 구해야 하지요.

예제①에서는 500그램 표시가 있는 눈금까지 '파란색의 긴 눈금'이 5개 있습니다. 그러므로 이 파란색의 긴 눈금 하나가 '100그램'을 가리킴을 알 수 있지요. 그리고 0~100그램의 눈금 사이를 보면 10개로 나뉘어 있습니다. 그러므로 짧

대상 학년 : 초등학교 5학년   6-2 무게

【아이에게 이렇게 물어보자】 왼쪽의 예제①을 참고로

· ①은 500그램까지 파란색의 긴 눈금이 5개 있지? 이 긴 눈금은 한 눈금에 몇 그램이 될까?

· 파란색의 긴 눈금은 1눈금에 100그램이지?

· 100그램 사이에 눈금이 몇 개 있을까?

· 10개로 나뉘어 있네?

· 짧은 눈금은 한 눈금에 몇 그램일까?

· 짧은 눈금은 한 눈금에 10그램이 된단다.

조언 한마디

저울에 따라 한 눈금이 나타내는 무게가 각각 다릅니다. 한 눈금이 몇 그램인지 구한 다음 눈금을 읽도록 하세요.

은 눈금 하나는 '10g'을 가리킴을 알 수 있습니다.

따라서 예제①은 1킬로그램의 눈금에서 긴 눈금 하나(100g), 그리고 짧은 눈금 5개(50g)를 지난 위치에 바늘이 서 있으므로 '1kg 150g'이라고 읽을 수 있습니다. 이처럼 저울에 따라 눈금이 나타내는 무게가 다릅니다. 저울을 읽을 때 중요한 점은 한 눈금이 몇 그램을 나타내는지 정확히 파악하는 것입니다. 예제②도 같은 방법으로 풀 수 있습니다.

또 작은 눈금(짧은 눈금)에는 숫자가 표시되어 있지 않습니다. 그러므로 먼저 큰 눈금(긴 눈금)을 읽고 작은 눈금(짧은 눈금)을 읽습니다. 이 순서를 꼭 기억하도록 지도해 주세요.

칼럼

'공통성의 인식'과 '규칙성의 발견'을 통해 예측할 수 있게 됩니다

먼저 문제를 내겠습니다. '딸기, 사과, 토마토'의 공통된 특징은 무엇일까요? (답 빨갛다)
'딸기, 사과, 토마토, 민들레'의 공통된 특징은 무엇일까요? (답 식물이다)
'딸기, 사과, 토마토, 민들레, 물고기'의 공통된 특징은 무엇일까요? (답 생물이다)
'딸기, 사과, 토마토, 물고기, 아이스크림'의 공통된 특징은 무엇일까요? (답 먹는 음식이다)
이처럼 어린 시절에는 대강의 틀이 같다는 개념을 인식하는 것이 매우 중요합니다. 무엇이 공통되고 무엇이 다른지 올바르게 판단하는 것은 일상생활을 할 때 꼭 필요한 능력이지요. '공통성의 인식'이라고 하면 어렵게 느껴질지 모르지만 결국은 '친구 찾기' 입니다.

다음 문제입니다.
"2 · 4 · 6 · 8의 다음 수는 무엇일까요?" (답 10)
"1 · 3 · 5 · 7의 다음 수는 무엇일까요?" (답 9)
이것이 '규칙성의 발견' 입니다('숫자를 나열하는 법' 참조). 무엇인가를 기준으로 규칙적으로 나열되어 있음을 발견하는 작업이지요. 그리고 그 규칙성을 발견함으로써 다음을 예측할 수 있게 됩니다.

그러면 마지막 문제입니다.
"삼각형의 내각의 합은 얼마일까요?" (답 180도)
"사각형의 내각의 합은 얼마일까요?" (답 360도)
여기까지는 간단하지요.
"그러면 7각형의 내각의 합은?" (답은 스스로 생각해 보기 바랍니다)
'공통성의 인식'과 '규칙성의 발견', 그리고 예측. 이것을 이용해 이 문제의 답을 이끌어 냈나요? 힌트는 '삼각형에서 사각형이 될 때 180도가 늘어났다.', '사각형은 2개의 삼각형으로 구성되어 있다.' 입니다.

6-3 부피

부피 <1>
(길이나 무게와 다른 단위) 228

부피 <2>
(밀리리터(㎖), 데시리터(㎗), 리터(ℓ)) 230

5ℓ = (　　)㎗

3ℓ 2㎗ = (　　)㎖

2ℓ 4㎗ + 9ℓ 8㎗ = (　　)ℓ (　　)㎗

부피〈1〉
(길이나 무게와 다른 단위)

【예제】 크기가 다른 페트병에 들어가는 물의 양의 비교해 보세요.

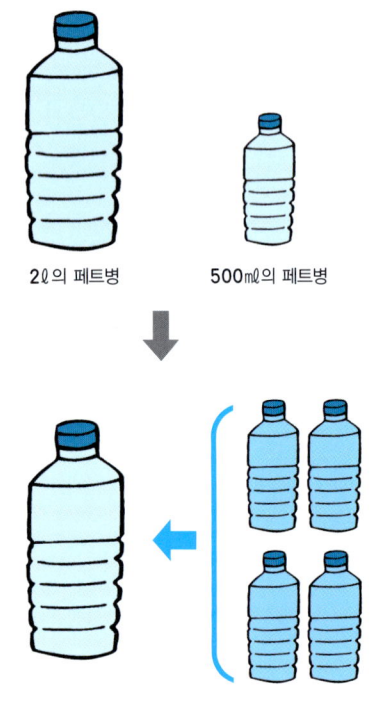

2ℓ의 페트병   500㎖의 페트병

조언 한마디

500밀리리터(㎖)의 페트병에 담긴 물이 2리터(ℓ)의 페트병에 몇 병 들어가는지 확인해 보세요. 4병이 들어갈 것입니다.
즉

2ℓ = 500㎖ × 4
2ℓ = 2000㎖

따라서
'1ℓ = 1000㎖'
임을 알 수 있습니다.

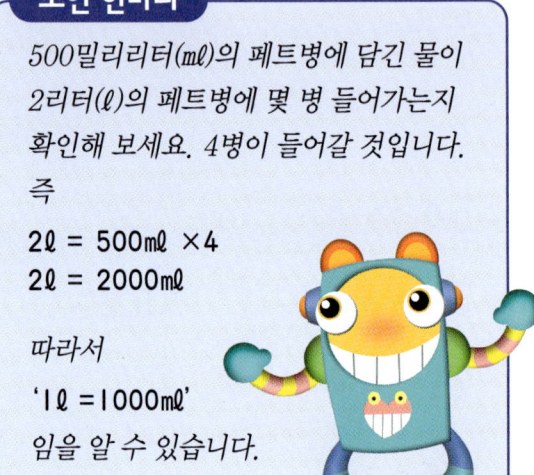

지도 포인트 용기에 들어가는 양을 '부피'라고 합니다.
길이나 무게와는 다른 개념입니다.

"부피가 뭐야?"라는 아이의 질문에 뭐라고 대답할지 몰라 당황하는 엄마도 있을 겁니다. '부피'란 용기에 들어가는 양을 말합니다. '부피'는 '많다', '적다'라고 표현하며, 단위는 '밀리리터(㎖)'나 '리터(ℓ)'를 사용합니다. 먼저 페트병에 물을 넣어 '많다, 적다'에 대한 감각을 키워 주세요.

'부피'는 물놀이를 하면서 공부하면 매우 효과적입니다. 공부는 반드시 책상 앞에 앉아서만 하는 것이 아닙니다. 주방이나 목욕탕에서 페트병을 이용해도 좋습

대상 학년 : 초등학교 6학년　　6-3 부피

【아이에게 이렇게 물어보자】

· 큰 페트병하고 작은 페트병은 어디에 더 물이 많이 들어갈까?

· 큰 페트병이 더 많이 들어가겠지?

· '길다/짧다', '무겁다/가볍다'와는 다르게 '많다/적다'라고 말한단다. 이것을 '부피'라고 해.

· 부피는 어떤 단위로 나타낼까?

· 페트병을 보렴. '500㎖'라든가 '2ℓ'라고 써 있지? 이것이 '부피'의 단위란다.

니다.
먼저 칠판의 예제와 같이 '2ℓ'와 '500㎖'짜리 페트병을 준비해 주세요. '2ℓ'의 페트병에는 '500㎖'의 페트병 몇 병분의 물이 들어갈까요? 반대로 '2ℓ'의 물은 '500㎖'의 페트병 몇 병에 나눠 담을 수 있을까요? 아이와 함께 실제로 확인해 보세요.
또 같은 양의 물을 모양이 다른 용기(다양한 형태의 그릇이나 우유팩 등)에 넣고 "어느 쪽이 많을까?"라고 물어보세요. 아이들은 수면이 높아지는 폭이 좁은 용기를 선택할 것입니다. 하지만 실제로는 물의 양이 같다는 사실을 아이의 눈과 손으로 체험하게 도와주세요.
공부라는 틀에서 벗어나 목욕탕이나 비닐 풀장에서 즐겁게 놀면서 배우는 것도 좋습니다.

부피〈2〉
〈밀리리터(ml), 데시리터(dl), 리터(l)〉

【예제】 다음 괄호 안에 들어갈 숫자는 무엇일까요?

① $5l = (\quad)dl$

② $3l\ 2dl = (\quad)ml$

③ $2l\ 4dl + 9l\ 8dl = (\quad)l\ (\quad)dl$

$1l = 10dl,\ 1l = 1000ml,\ 1dl = 100ml$

① $5l$ 는 $1l$ 가 5개, 그리고 '$1l = 10dl$' 이므로 답은 $50dl$가 된다

② $3l\ 2dl$를 $3l$와 $2dl$로 나눈다
$3l$는 $1l$가 3개이므로 $3000ml$가 된다
$2dl$는 $1dl$가 2개이므로 $200ml$가 된다
그러므로 $3000ml$와 $200ml$를 더하면 답은 $3200ml$가 된다

③
$$\underbrace{2l\ 4dl + 9l\ 8dl}_{\substack{2l+9l=11l\\4dl+8dl=12dl}}$$
$= 11l + 12dl$
$= 11l + 1l\ 2dl$
$\underbrace{}_{11l+1l=12l}$
$= 12l\ 2dl$

'l' 와 'dl'의 숫자를 각각 더한다
↓
$12dl$를 $1l\ 2dl$로 고친다
↓
$11l$와 $1l\ 2dl$를 더한다
↓
답은 $12l\ 2dl$가 된다

답 ① $50(dl)$ ② $3200(ml)$ ③ $12(l)\ 2(dl)$

지도 포인트

$1l = 10dl,\ 1l = 1000ml,\ 1dl = 100ml$가 됩니다.

앞에서 '부피'의 단위에 '밀리리터(ml)'와 '리터(l)'가 있음을 배웠습니다. 그런데 '부피'의 단위는 하나가 더 있습니다. 바로 '데시리터(dl)'이지요.
이들 '부피의 단위'는,

$1l = 10dl$

$1l = 1000ml$

라는 관계에 있습니다. 그러면 이 관계를 이용해서 칠판의 예제를 풀어 보세요.
예제①은 '$1l = 10dl$'이므로 '$5l = 50dl$' 라고 구할 수 있습니다.
예제②는 답을 구하기 위해서는 'dl'를

230

대상 학년 : 초등학교 6학년   6-3 부피

【아이에게 이렇게 물어보자】

· 500밀리리터 페트병 4병에 담긴 물이면 2리터의 페트병을 가득 채울 수 있지?

· 2리터는 500밀리리터가 4병(2000밀리리터)이었으니까 '1ℓ=1000㎖'라고 할 수 있지? '부피'를 나타내는 단위는 그 밖에도 '데시리터(㎗)'라는 것이 있단다. 이건 1ℓ=10㎗야. 그러면 1데시리터는 몇 밀리리터일까?

· 1ℓ=1000㎖이고 1ℓ=10㎗이니까 10㎗=1000㎖지? 그러니까 1데시리터는 100밀리리터란다.

조언 한마디

1ℓ=10㎗
1ℓ=1000㎖
↓ 이므로
10㎗=1000㎖
↓ 따라서
'1㎗=100㎖'
가 됩니다.

'㎖'로 고쳐야 합니다. 칠판에 있는 '부피의 단위'의 관계를 보면 '10㎗=1000㎖'가 성립하지요. 즉 '1㎗=100㎖'임을 알 수 있습니다. 따라서 예제②는 3ℓ 2㎗를 둘로 나눠서 3ℓ는 '3ℓ=3000㎖', 2㎗는 '200㎖'로 만들어 더하면 '3200㎖'를 구할 수 있지요.
예제③은 같은 단위끼리 더하고 받아올림에 주의하면 쉽게 계산할 수 있습니다.

'부피'를 공부할 때 중요한 점은 길이나 무게와 마찬가지로 '1리터는 대략 어느 정도인가?'를 아는 것입니다. 가령 1리터들이 우유팩을 가지고 "이 우유팩에는 몇 리터가 들어갈까?"라고 아이에게 물어봤을 때 아이가 "1리터"라고 금방 대답한다면 '대략 어느 정도가 1리터' 임을 인식하는 증거입니다.

칼럼

머릿속에 칸막이를 만들어 발상과 생각을 늘려 나갑시다

'머릿속에 칸막이를 만든다.'라는 말이 잘 이해가 되지 않을지도 모릅니다. 그럴 때는 커다란 '장난감 상자'를 떠올리기 바랍니다.

아이가 상자 주위에서 놀고 있습니다. 하지만 장난감을 전부 다 가지고 노는 것은 아닙니다. 그리고 장난감을 정리할 시간이 되었습니다. 아마도 아이는 장난감의 종류에 관계없이 상자 속에 전부 집어넣을 것입니다. 그렇게 집어넣으면 무엇이 어디에 있는지 알 수가 없기 때문에 다음에 놀 때는 일단 상자 위에 있는 것만 가지고 놀게 됩니다. 상자 아래 있는 장난감은 존재조차 잊히게 되지요. 게다가 '장난감 상자'가 크기 때문에 아이 혼자의 힘으로는 뒤집지 못합니다.

이와 같은 일이 아이의 머릿속에서도 벌어지는 것입니다.

그러면 질문입니다.

"직사각형의 넓이 공식은 무엇일까요?" (답 밑변×높이)

다음 질문입니다. "마름모의 넓이 공식은 무엇일까요?"

아마도 대부분의 독자(엄마) 여러분이 대답을 하지 못할 것입니다. 참고로 답은 대각선×대각선÷2입니다.

지금 기억해 내지 못한 독자 여러분의 경우는 마름모의 넓이 공식이 장난감 더미 속에 깔려 있는 장난감과 같은 상태라고 할 수 있습니다. 자주 사용하는 지식은 위쪽에 있지만 예전에 배운 뒤 그다지 쓰지 않은 지식은 아래로 들어가 꺼내기가 힘듭니다. 좀 더 극단적으로 말하면 그 지식이 있다는 사실조차 망각해 버리지요.

다시 말해, '머릿속에 칸막이를 만든다.'는 말은 머릿속을 정리 정돈한다는 뜻입니다. 커다란 '장난감 상자'에 칸막이를 만들어서 인형과 블록, 악기, 탈것 등 장난감을 종류별로 나눠서 정리합니다. 그러면 놀이의 폭도 훨씬 넓어지지요. 종류가 다른 장난감을 조합해 노는 발상도 생겨납니다. 공부 방법 역시 이와 마찬가지라 할 수 있지요.

이것은 '공통성의 발견'이나 '규칙성의 발견'과도 깊은 관계가 있습니다. 아이가 일상생활에서 생각하고 배울 수 있는 환경을 만들어 주고, 항상 노력해 주세요.

6-4 시각과 시간

시각과 시간<1>
(시각과 시간의 차이) **234**

시각과 시간<2>
(초, 분, 시간) **236**

시각과 시간<3>
(오전과 오후) **238**

시각과 시간<4>
(○○분 후, ○○분 전) **240**

시각과 시간<5>
(몇 시 몇 분부터 몇 시 몇 분까지) **242**

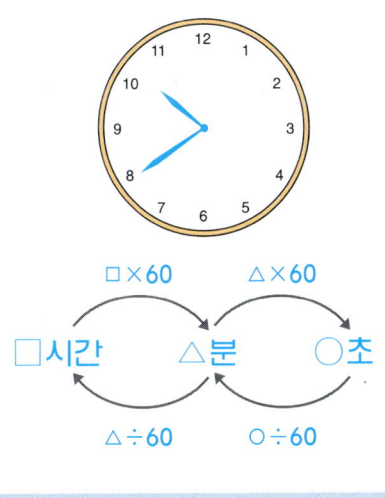

시각과 시간 〈1〉
(시각과 시간의 차이)

【예제】 다음 질문에 대답해 보세요.

① 오늘 아침은 몇 시에 일어났나요?

② 오늘 아침은 7시에 일어나 7시 50분에 집을 나왔습니다.
일어나서 집을 나올 때까지 얼마가 걸렸을까요?

> **시각** … "지금 몇 시?"나 "몇 시 몇 분에 ○○을 했다"와 같이 표현하는 것.
> **시간** … 시각에서 시각까지의 사이가 어느 정도인지를 나타낸 것.

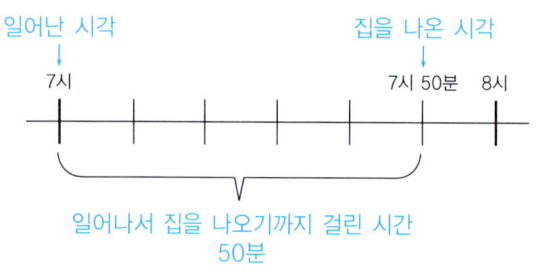

조언 한마디
시간의 흐름을 수직선으로 나타냈을 때, 점이 '시각'을 나타냅니다. 또 두 점 사이의 길이를 읽으면 '시간'을 알 수 있습니다.

②의 답 50분

지도 포인트 시각과 시간을 구별합니다.
'시각'은 점, '시간'은 길이입니다.

'시각과 시간'에 대해 공부하겠습니다. 먼저 '시계를 읽는' 것부터 시작하지요. 특별한 기술을 익히는 것은 아니므로 반복 연습이 필요합니다. 시계를 옆에 두고 공부하면 더욱 효과적이겠지요? 그리고 실제로 시계를 움직여 보는 것이 중요합니다. 긴 바늘(분침)을 움직였을 때 짧은 바늘(분침)도 같이 움직이는 것을 보여 주고, 긴 바늘이 한 바퀴 돌았을 때 짧은 침은 얼마나 움직이는지, 짧은 침이 '12'에서 '1'까지 움직일 때 긴 바늘은 몇 바퀴를 회전하는지 등을 확인시

대상 학년 : 초등학교 전학년   6-4 시각과 시간

【아이에게 이렇게 물어보자】 왼쪽의 예제를 참고로

- 오늘 아침은 몇 시에 일어났니?
- ○시에 일어났지?
- 집은 몇 시에 나왔니?
- 집을 나온 건 ○시 ○○분이었지?
- 이런 것을 '시각'이라고 한단다. 그러면 아침에 일어나서 집을 나올 때까지 얼마나 걸렸니?
- ○○분이 걸렸지?
- 이것을 '시간'이라고 해. 시간에는 길이가 있단다.

켜 주세요.

그런데 '시각'과 '시간'의 차이를 설명하는 데 어려움을 겪는 사람이 많을 것입니다. 이 차이를 설명하려면 칠판과 같이 시간의 흐름을 수직선으로 나타내 보는 것이 효과적입니다. 오늘 아침에 일어난 '시각'은 7시, 또 집을 나온 '시각'은 7시 50분이라고 점으로 나타낼 수 있습니다. 그리고 '시간'은 그 사이의 50분이라는 길이를 나타낸 것입니다. 다만 이 '시간'을 아이에게 가르치는 것은 '시각'을 아이가 정확히 읽을 줄 알게 된 다음으로 미루기 바랍니다.

시각과 시간 〈2〉
〈초, 분, 시간〉

[예제] 다음 괄호 안에 들어갈 수는 무엇일까요?

① 3분 = (   )초   ② 1분 20초 = (   )초
③ 2시간 = (   )분   ④ 130분 = (   )시간 (   )분

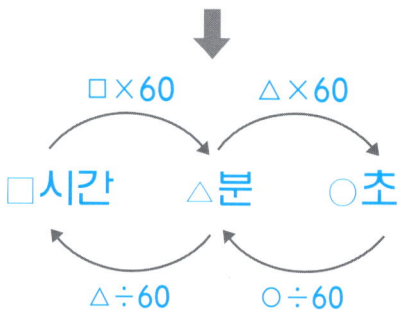

① 3분은 1분이 3개, 그리고 '1분=60초' 이므로 답은 180초가 된다

② 1분 20초를 1분과 20초로 나눈다 1분은 1분이 1개이므로 60초가 된다. 여기에 나머지 20초를 더하면 답은 80초가 된다

③ 2시간은 1시간이 2개, 그리고 '1시간=60분' 이므로 답은 120분이 된다

④ 130분에는 60분이 2개 있고 10분이 남는다. 그리고 '60분=1시간' 이므로 답은 2시간 10분이 된다

답   ① 180(초)   ② 80(초)   ③ 120(분)   ④ 2(시간) 10(분)

지도 포인트
'1시간=60분', '1분=60초' 입니다.
60의 묶음으로 단위가 바뀝니다.

칠판에 적혀 있는 예제를 설명하기 전에, 실제로 움직이는 시계를 보고 초침이 1회전(60초)하면 긴 바늘(분침)이 한 눈금(1분), 긴 바늘이 1회전(60분)하면 짧은 바늘(시침)이 한 눈금(1시간) 움직인다는 것을 확인시켜 주세요.

이렇듯 '60의 묶음' 으로 시간의 단위가 변합니다. 즉,

1시간 = 60분
1분 = 60초

임을 알 수 있을 것입니다.
예제①은 1분=60초이므로 3분은 60(초)

6-4 시각과 시간

【아이에게 이렇게 물어보자】 왼쪽의 예제를 참고로

· 시계의 긴 바늘이 한 바퀴 돌면 몇 분이 될까?

· 긴 바늘이 한 바퀴 돌면 60분이 되지?

· 예를 들어서 7시에서 긴 바늘이 한 바퀴 돌면 7시 60분이 돼. 그런데 어딘가 조금 이상하지? '1시간=60분'이니까 몇 시가 될까?

· 7시 60분이 아니라 8시란다.

· 시간의 단위는 60의 묶음으로 단위가 바뀐단다.

· 1시간=60분, 1분=60초가 되는 거야.

> **조언 한마디**
> 1분이 60개 모인 시간을 1시간,
> 1초가 60개 모인 시간을 1분이라고 합니다.
> 즉 '1시간=60분, 1분=60초'인 것입니다.

×3으로 '180초'가 됩니다.

예제②는 1분=60초이므로 60(초)+20(초)로 '80초'가 됩니다.

예제③은 1시간=60분이므로 60(분)×2= '120분'을 구할 수 있습니다.

이상의 세 문제는 시간에서 분, 분에서 초와 같이 큰 단위를 작은 단위로 바꾸었습니다. 이때는 '×60'을 하면 됩니다.

시간×60=분

분×60=초

예제④는 반대로 작은 단위를 큰 단위로 바꿉니다. 분에서 시간으로 바꾸는 것이지요. 이 경우에는 '÷60'으로 나눗셈을 하고 나머지는 단위를 바꾸지 않고 작은 단위인 채로 나타냅니다. 130분에는 '60의 묶음'이 2개 있으며 나머지가 10입니다. 따라서 '2시간 10분'입니다.

시각과 시간 〈3〉
(오전과 오후)

[예제] 다음 괄호 안에 오전 또는 오후를 적어 주세요.

① 아침에 일어난 시각 ············· (   ) 7시
② 학교에서 3교시 수업이 시작되는 시각 ········· (   ) 10시 40분
③ 학교에서 돌아오는 시각 ········· (   ) 3시 20분
④ 저녁 식사를 하는 시각 ········· (   ) 7시
⑤ 잠자리에 드는 시각 ············ (   ) 9시

답   ① 오전   ② 오전   ③ 오후   ④ 오후   ⑤ 오후

지도 포인트 하루의 전반부를 '오전', 후반부를 '오후'라고 하며, 오전에서 오후로 바뀌는 시각을 '정오'라고 합니다.

'시각과 시간〈1〉'에서 시간의 흐름을 수직선으로 나타내면 시간의 길이를 이해하기 쉽다는 것을 배웠습니다. 이 장에서도 수직선을 만들어 보세요. 다만 길이는 1일입니다.

먼저 아이에게 하루가 24시간임을 가르쳐 주세요. 그리고 왜 시계의 표시가 '12'까지만 되어 있는지 물어보세요. 그러면 아이는 '12'가 2개이면 '24', 또는 '12'는 '24'의 절반이므로 짧은 바늘이 두 번 돌면 '24시간(하루)'이 된다는 사실을 깨달을 것입니다. 또 짧은 바늘이

대상 학년 : 초등학교 전학년 6-4 시각과 시간

【아이에게 이렇게 물어보자】 왼쪽의 예제를 참고로

· 하루는 몇 시간인지 알고 있니?

· 하루는 24시간이란다.

· 하지만 시계를 보면 숫자가 1부터 12까지만 있지? 왜 그럴까?

· 시계의 짧은 바늘이 두 번 돌면 하루가 된단다.

· 처음 한 바퀴째의 12시간을 '오전', 두 바퀴째를 '오후'라고 한단다.

조언 한마디

실제로 시계를 움직여 짧은 바늘이 2회전 하면 '24시간(1일)'이 되는 것을 확인시켜 주세요.

첫 번째 돌 때의 12시간을 '오전', 두 번째 돌 때의 12시간을 '오후'라고 하며 오전과 오후가 바뀌는 시각을 '정오'라고 한다는 것도 알려 주세요.
그리고 칠판의 예제를 설명하기 위해 24시간이 표시되어 있는 수직선의 처음 12시간에 '오전', 12시에 '정오' 뒤의 12시간에 '오후'라고 써 놓으면 이해가 쉽습니다.

같은 7시여도 '오전'과 '오후'에는 행동이 달라짐을 깨닫는 것도 중요하지요.

시각과 시간 〈4〉
(○○분 후, ○○분 전)

[예제] 다음 괄호에 들어갈 숫자와 말은 무엇일까요?

① 오전 10시 40분의 30분 후는 오전 (　　)시 (　　)분입니다

② 오후 12시 20분의 50분 전은 (　　) (　　)시 (　　)분입니다

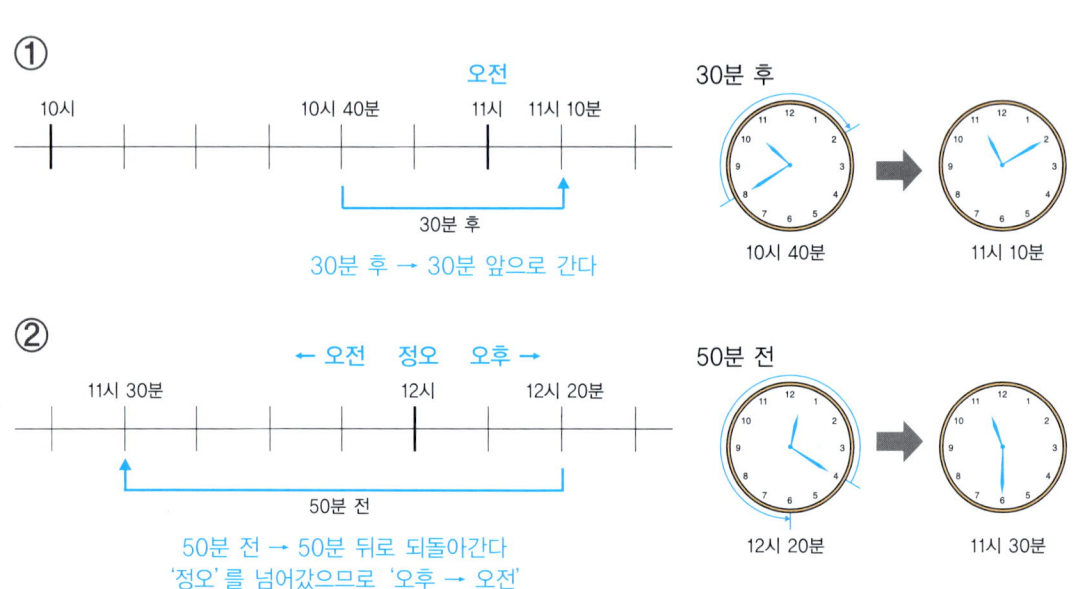

답　① 11(시) 10(분)　② 오전 11(시) 30(분)

'○○분 후', '○○분 전'의 시각은 시간을 수직선으로 나타내 확인하세요.

"○○분 뒤에 목욕을 하렴.", "○○분 전에는 나갈 준비를 하렴." 일상생활에서 자주 하는 대화입니다. 바쁜 엄마의 입버릇이지요. 여기에서는 이 '○○분 후', '○○분 전'을 시간의 흐름을 나타낸 수직선을 이용해 설명하겠습니다.

칠판에 적혀 있는 예제를 보기 바랍니다. 먼저 수직선의 한 눈금을 얼마로 할지를 아이가 생각하도록 유도해 주세요. 예제 ①의 경우 '30분 후'이므로 눈금 하나를 10분씩, 즉 10시에서 11시 사이를 6개로 나누는 것이 좋겠지요? 그러면 오전 10

6-4 시각과 시간

대상 학년 : 초등학교 전학년

【아이에게 이렇게 물어보자】 왼쪽의 예제를 참고로

· 시간을 수직선으로 그려 보자.
  예제①에서는 10시부터 11시 사이를 몇으로 나누면 될까?
· 1시간은 60분이니까 10분 간격으로 눈금을 그려 보자.
· '30분 후'는 시계를 앞으로 움직여야 할까, 뒤로 되돌려야 할까?
· '30분 후'는 시계를 앞으로 움직이면 되지?
· '50분 전'은 시계를 앞으로 움직여야 할까, 뒤로 되돌려야 할까?
· '50분 전'은 시계를 뒤로 되돌리면 된단다.

> **조언 한마디**
> 'OO분 후'는 시계를 '앞으로 움직이는' 것.
> 'OO분 전'은 시계를 '되돌리는' 것입니다.

시 40분에서 30분 뒤는 눈금을 세 개 오른쪽으로 움직이면 되지요. 따라서 '오전 10시 40분의 30분 후'는 '오전 11시 10분'임을 알 수 있습니다. 이때 실제로 시계를 움직여 보면서 공부하는 것이 중요합니다. '30분 뒤'는 '긴 바늘이 반 바퀴 앞으로 움직이는 것'이라는 사실도 함께 깨닫게 될 것입니다.
예제②는 '50분 전'입니다. 단, 개념은 예제①과 차이가 없습니다. 수직선의 눈금을 왼쪽으로 5칸 움직이면 되지요. 또 시계를 움직여 확인할 때는 50분을 되돌리게 됩니다. 'OO분 후'는 시계를 '앞으로 움직인다.', 'OO분 전'은 시계를 뒤로 '되돌린다.'는 것을 기억해 주세요. 또 예제②와 같이 정오를 넘어갈 경우는 '오전'과 '오후'가 바뀌니 주의하기 바랍니다.

시각과 시간 〈5〉
(몇 시 몇 분부터 몇 시 몇 분까지)

【예제】 오전 10시 40분부터 오후 3시 20분까지는 몇 시간 몇 분일까요?

① 12시(또는 0시)를 기준으로 한다

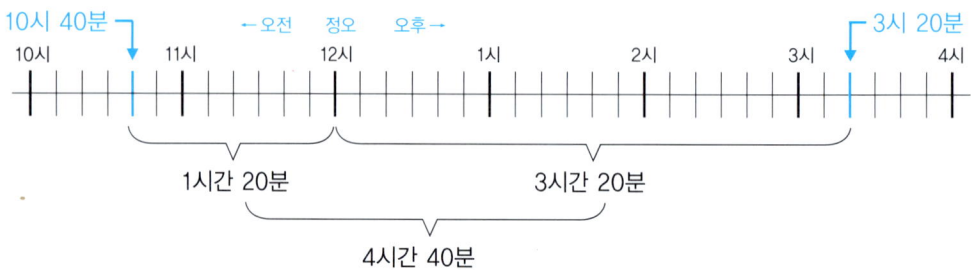

② 1시간씩 시각을 진행시킨다

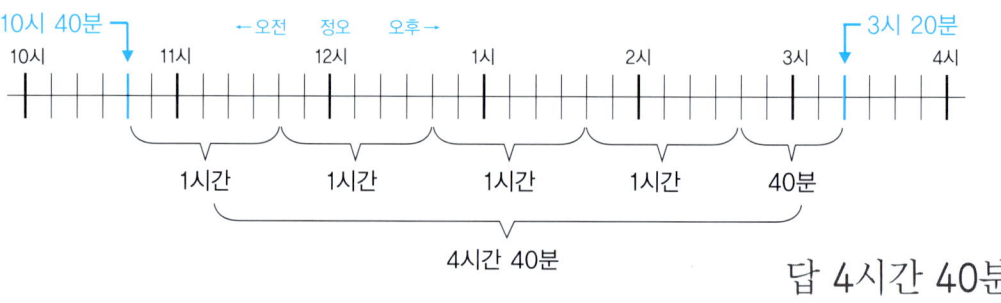

답 4시간 40분

지도 포인트
12시를 기준으로 하는 풀이 방법과 1시간씩 시각을 진행시키는 풀이 방법을 모두 익힙니다.

시각과 시각 사이의 시간을 구하는 문제를 풀어 보겠습니다.

칠판의 예제처럼 '○○시 ○○분부터 ○○시 ○○분까지'와 같이 '분'이 붙어 있는 문제는 어떻게 풀어야 할까요? 그러면 설명하겠습니다. 역시 여기에서도 수직선을 보면서 생각해 보지요. 먼저 ①과 같이 12시(정오)를 기준으로 생각해 보세요.

오전 10시 40분부터 12시(정오)까지는 1시간 20분입니다. 또 12시(정오)부터 오후 3시 20분까지는 3시간 20분이지요.

대상 학년 : 초등학교 전학년   6-4 시각과 시간

【아이에게 이렇게 물어보자】 왼쪽의 예제①을 참고로

· 오전 10시 40분부터 오후 3시 20분까지의 시간을 구해 보자. 먼저 오전 10시 40분부터 12시(정오)까지는 몇 시간 몇 분일까?

· 1시간 20분이구나.

· 다음에 12시(정오)부터 오후 3시 20분까지는 몇 시간 몇 분일까?

· 3시간 20분이란다.

· 1시간 20분과 3시간 20분을 더하면 몇 시간 몇 분일까?

· 오전 10시 40분부터 오후 3시 20분까지는 4시간 40분이란다.

조언 한마디
②와 같이 1시간씩 시각을 진행시키고 마지막에 남은 '분'을 더하는 방법이 일반적입니다.

이 두 시간을 더하면 4시간 40분을 얻을 수 있습니다.
이 문제를 푸는 또 다른 방법도 소개하겠습니다. ②와 같이 1시간씩 시각을 진행시키는 방법이지요. 10시 40분을 기준으로 1시간씩 시각을 진행시킵니다.
'10:40→11:40→12:40→1:40→2:40'
이로써 2시 40분까지는 4시간임을 알 수 있습니다. 이제 남은 시간은 2시 40분부터 3시 20분까지의 40분입니다. 그러므로 이 두 시간을 더하면 4시간 40분을 구할 수 있지요.
초등학교 고학년 수학이나 중학교 수학뿐만 아니라 고등학교 이과 수학에서도 시간을 구하는 문제가 나온답니다. 그러니 이 기회에 ①과 ②의 풀이 방법에 모두 익숙해지도록 지도해 주세요.

지은이 | 오시마 히데키 (맵 교육 센터 대표)

1961년에 도쿄에서 태어났다. 대학을 졸업한 뒤에 교직의 길을 모색했지만,
학교 교육이 아닌 학원에서 자신의 가능성을 발견했다. 이후 20년 가까이 교편을 잡고 활약 중이다.
1998년 4월에 자신의 교육 이념을 구체화하기 위해 도쿄 도 에도가와 구 니시카사이에
'맵 교육 센터'를 설립해 오늘에 이르고 있다.
저서로는 《초등학교 수학을 가장 알기 쉽게 가르치는 법》《가장 알기 쉬운 초등학교 사회 학습법》
《초등학생부터 시작하는 영어》가 있다.

맵 교육 센터 URL http://www.map-net.org/map.html

옮긴이 | 김정환

건국대학교 토목과 졸업. 동경외국어전문학교 일한통역과 수료.
현재 엔터스코리아 일본어 전문 번역가로 활동 중이다.

역서로는 《수학 홀릭 페르마의 마지막 정리》《아빠가 가르쳐 주는 수학》《골 때리는 수학 문제》
《위대한 수학자들》《내 아이에게 꼭 가르쳐 주고 싶은 수학》《답이 없는 문제》《수학 걸》
《백마는 말이 아니다(잠자는 뇌를 깨워 주는 수학이야기 4)》《내 아이에게 꼭 가르쳐 주고 싶은 수학》
《읽는 영어책 웁스》《야구로 배우는 영어》 외 다수가 있다.